KB212020

인생 비타민, 희연

인생 비타민, 희망

초판 1쇄 발행_ 2010년 1월 15일
초판 3쇄 발행_ 2010년 10월 5일

지은이_ 김요한

펴낸곳_ 바이북스
펴낸이_ 윤옥초

책임편집 이성현
편집팀_ 김주범, 도은숙, 김민경, 함윤선
책임디자인_ 방유선
디자인팀_ 윤혜림, 이민영, 남수정

ISBN_ 978-89-92467-35-3 03230

등록_ 2005. 07. 12 ㅣ 제 313-2005-000148호

서울시 마포구 서교동 395-166 서교빌딩 703호
편집 02)333-0812 ㅣ 마케팅 02)333-9077 ㅣ 팩스 02)333-9960
이메일 postmaster@bybooks.co.kr
홈페이지 www.bybooks.co.kr

책값은 뒤표지에 있습니다.

바이북스는 책을 사랑하는 여러분 곁에 있습니다.
독자들이 반기는 벗 - 바이북스

인생 비타민, 향전

김요한 지음

바이북스
ByBooks

＊다혜에게

응원은 누군가의 삶에
희망을 심어주는 일입니다

응원엔 전문가가 따로 없다

우리는 살면서 수많은 사람들을 만납니다. 물론 절친한 사이는 몇 안 되겠지만 사회학자들에 의하면 약 3만 명가량의 타인과 접촉할 때 비로소 건강한 자아가 성립된다고 합니다. 그만큼 평소 적극적일 때 인간관계에 자신감도 생기고 자기 정체성이 뚜렷해지며 이해와 배려가 쉬워진다고 합니다. 그 논리가 정확하다면 일상 속에서 우리가 관계하는 패턴을 한 번쯤 살펴볼 필요가 있습니다. 평소에 나를 개인적으로 지지해주고 응원해주는 사람이 많으면 많을수록, 그리고 내가 응원해주는 사람이 많으면 많을수록 서로에게 건강한 활력소가 될 만한 영향을 주고받을 수 있기 때문입니다.

저는 응원의 권위자나 전문가는 절대 아닙니다. 하지만 응원에는 전문가가 따로 없습니다. 가정에서는 엄마나 아빠가 자녀들을 위한 응원자가 될 수 있고 남편이나 아내 역시 배우자를 위한 응원자가 되어줄 수 있습니다. 그런가 하면 학교에서는 선생님이 학생들을 위한 응원자가 될 수 있습니다.

주의 깊게 주변을 관찰해볼 때, 아니 사실은 그리 주의 깊게 관찰하지 않더라도 우리 주변에서 격려와 응원이 필요한 이들이 많다는 사실을 발견하기란 그리 어렵지 않습니다. 응원을 주고받는 관계 역시 대단한 일이 아닙니다.

저는 개인적으로 응원에 게으르거나 인색할 때가 많았던 내 모습을 발견하면서부터 응원의 개념에 무지하고 무관심했던 나 자신이 한없이 부끄러웠습니다. 다행스러운 것은 제 주위를 살펴보았을 때 그동안 저를 한결같이 응원해준 사람들의 이름과 얼굴을 훤히 떠올릴 수 있다는 것입니다. 바로 그런 의미에서 빚진 마음으로 제가 그동안 선물받은 응원의 경험들을 나누고 싶어졌습니다.

응원은 누군가의 삶에 크고 작은 영향을 미칠 수 있다는 점에서, 그리고 상대방의 삶을 변화시키는 계기가 될 수 있고 마음을 어루만질 수 있다는 점에서 한 사람이 또 다른 사람을 '터치 touch' 할 수 있는 원동력이 될 수 있습니다. 응원은 지극히 인간적이고 인격적인 행위로, 내면 깊은 곳에서 우러나올 때 상대방의 삶에 적지 않은 영향을 줍니다. 그렇기 때문에 마음과 마음을 이어주는 터치인 셈입니다.

사실은 누구나 삶의 응원자가 필요합니다. 변함없이 우리를 옆에서 응원해줄 수 있는 그런 상대 말입니다. 나에게 동기를 부여하고, 넘어질 때 다시 일어설 수 있도록 믿어주고 밀어주는 응원자가 있는 것과 없는 것을 상상해서 비교해보십시오. 요사이 자주 사용되는 용어 중에 멘토 Mentor라는 단어가 있는데 멘토의 역할은 한 사람을 적극적으로 지원해주고 그 사람 옆에서(앞에서나 뒤에서가 아닌) 응원자가 되어주는 것입니다. 응원은 사람 사는 세상에서 없어서는 안 될 일종의 비타민과 같습니다. 그만큼 응원은 삶의 자리에서 최선을 다할 수 있도록 용기와 희망을 주기 때문입니다.

응원은 사람만이 할 수 있다

우리는 사실 개인의 응원과 공동체의 응원이 동시에 필요한 존재입니다. 개인적인 응원도 중요하지만 집단생활을 하는 인격체로서 공동체의 응원도 필요합니다. 이 두 가지가 병행될 때 가장 건강한 결과를 낳게 됩니다. 가정, 일터, 학교, 마을, 도시, 나라 등 크든 작든 우리는 어떤 형태로든 공동체의 구성원으로 속해 있으며, 그 구성원으로서 살아가기 때문에 내가 속해 있는 공동체로부터 인정을 받고 응원을 받는 것은 필수적입니다. 이 두 가지 형태의 응원이 병행될 때 우리는 비로소 사람됨을 가장 실제적으로 경험할 수 있게 됩니다.

응원은 로봇이 해줄 수 있는 것도 아니고(할 수야 있겠지만 로봇이 해주는 응원이 얼마나 오래 가겠습니까? 그리고 그 비용은 말할 것도 없지요), 애완동물이 대신해줄 수 있는 것도 아닙니다. 사람을 위한 응원은 사람만이 해줄 수 있는 것이 자연의

이치가 아닐까요? 결국 우리는 서로의 응원을 날마다 먹고사는 존재라고 해도 과언이 아닐 것입니다. 문제는 대부분의 사람들은 응원에 관심이 없거나, 게으르거나, 익숙하지 않거나, 응원을 귀찮아 한다는 사실입니다. 사실 누군가를 응원하는 것은 거액을 투자해야 하는 일도 아니고, 많은 시간이 요구되지도 않으며, 많은 에너지나 대단한 전략이 필요하지도 않습니다.

그럼에도 불구하고 왜 우리는 응원에 인색할까요? 그것은 아마도 응원을 하려면 어떤 형태로든 우리의 마음을 표현하는 수고가 뒤따르기 때문인지 모르겠습니다. 그렇습니다. 응원을 하려면 불편합니다. 몸을 움직이거나, 입을 움직여야만 됩니다. 아니, 때로는 우리의 호주머니와 지갑을 열어야 합니다. 수고와 희생이 뒤따를 수도 있고, 마음속 깊은 곳까지 움직여야 되는 경우도 있습니다.

삶은 관계의 집합이라고 합니다. 그만큼 우리는 관계의 존재이기 때문에 상호의존적일 수밖에 없습니다. 흔히 사람은 사랑을 먹고사는 존재라고 합니다. 이를 달리 말하면, 응원을 먹고사는 존재라는 말과 동일하지 않을까 싶습니다. 운동장에서의 응원만이 아니라, 일터에서 던지는 한마디의 격려가 지친 동료를 일으켜주고, 에너지를 공급해주는 힘의 근원이 될 수 있다는 말입니다.

직장에서 밤늦게 돌아오는 배우자를 맞이하는 밝은 미소, 아침 일찍 등교하는 자녀를 위한 가방 속의 사랑의 쪽지나 간식, 이 모든 것들 속에는 무시할 수 없는 응원의 힘이 있기 마련입니다.

그중에서도 평소에 가장 관계가 두터운 사람들로부터의 응원은 절대적이라고 할 수 있습니다. 잘 모르는 사람의 응원이 일시적인 효과를 가져온다면, 부모나 형제, 친구나 배우자, 직장 동료나 선후배가 보내주는 응원은 다른 무엇과도 비교할 수 없을 만큼 큰 힘을 발휘하며 영속적이기 때문입니다.

응원에는 여러 종류가 있습니다. 어린 시절 학교 운동회에서 자신의 팀을 목이 터져라 외치는 응원도 있고, 월드컵이나 올림픽에 나가 나라의 이름을 걸고 싸우는 국가대표 선수들을 향한 응원도 있습니다. 하지만 이렇게 어떤 구호나 누군가의 이름을 외치며 목청을 높이는 응원이 아니라도 우리에게는 아침에 일어나 밤에 잠들 때까지 매일매일의 일상이 누군가를 응원해줄 수 있는 기회의 연속입니다. 응원에는 한 가지 방법만이 있는 것이 아니라, 얼마든지 다양한 방법이 있을 수 있습니다. 문제는 그것에 평소 얼마만큼 의미와 가치를 두고 사느냐가 중요한 것이 아닐까요?

삶의 모든 영역이 그렇듯 결국엔 응원에도 기술이 필요하고 연습이 필요합니다. 하지만 누구나 조금만 연습을 하면 그 효과를 누릴 수 있게 되고, 반복을 통해서 점진적으로 발전할 수 있게 됩니다. 응원에 '프로'가 되는 것을 상상해보세요. 또는 누군가의 삶에 작은 소망의 빛이 되어주는 것을 상상해보세요. 기댈 수 있는 어깨가 필요한 사람에게 쉼의 근원이 되는 것을 상상해보세요. 내가 건네는 한마디 위로의 말을 통해 인생을 포기하기로 작심한 사람이 삶을 다시 보게 되는 것을 상상해보세요. 그야말로 응원을 주고받는 관계보다 더 살맛나고 가슴 벅찬 일이 또 어디에 있겠습니까?

응원은 가슴으로 하는 것이다

격려를 뜻하는 영어 단어 encourage는 본래 라틴어의 'cor'에서 왔다고 합니다. 뿐만 아니라, 용기라는 영어 단어 courage 역시 같은 단어에 어원을 두고 있는데 라틴어로는 '심장' 또는 '마음'이라는 뜻입니다. 그야말로 의미심장한 용어가 아닐 수 없지요. 궁극적으로 누군가를 격려하거나 응원하는 것은 결국 우리의 심장을 주거나 마음을 준다는 의미나 마찬가지인 셈입니다. 심장을 주는 것은 쉬운 일이 아니지만, 우리 심장은 나누면 나눌수록 더 튼튼해질 것입니다.

어떤 이유에서든 삶이 지칠 대로 지쳐 있는 사람, 상처로 얼룩진 사람, 혹은 절망 가운데 있는 사람들의 곁으로 가서 그 사람이 다시 일어설 수 있도록 돕는 것은 우리의 심장을 꺼내주는 응원이 될 수 있습니다. 우리 곁에 나를 진심으로 응원해줄 수 있는 사람 한 사람이 있는 것도 큰 복이겠지만, 더 큰 복은 내가 응원해줄 수 있는 사람이 있는 것이라고 생각합니다.

『도시락』이란 소책자에서 읽은 글입

니다. 산속 옹달샘에 가면 물을 떠먹는 쪽박이 있습니다. 그 쪽박은 아무도 부러워하지 않는 평범한 그릇입니다. 만일 그 쪽박이 멋있다든지 가치가 있다면 누군가가 이미 집어갔을 것입니다. 그러나 그 쪽박은 아무에게도 부러움을 주지 못하는 그릇이기 때문에 거기에 남아 있습니다. 그럼에도 불구하고 그 쪽박은 목이 마른 사람이 옹달샘을 찾았을 때에 생수를 떠먹을 수 있는 귀한 그릇이 됩니다. 그 쪽박의 겉모습은 별것 아니지만 목마른 자들의 갈증을 해결하는 소중한 도구입니다.

우리가 누군가를 응원하는 일은 평범한 '쪽박'이 되는 것입니다. 대단한 기술이나 용기가 필요한 것이 아닙니다. 그저 나 자신을 우리의 이웃을 위해 내어주면 되는 것이죠. 나를 통해 작은 위로를 느낄 수 있고, 작은 힘을 누릴 수 있다면 되는 것입니다. 그것이면 충분합니다. 지쳐 있는 한 사람을 위해 우리의 작은 응원은 누군가의 갈증을 해결하는 소중한 통로가 될 수 있는 것입니다.

아무쪼록 이 책을 통해서 많은 사람들이 용기와 응원을 얻었으면 좋겠습니다. 그리고 더욱 간절히 바라는 것은 이 책을 읽은 모든 분들이 내 주변과 이웃을 위해 응원을 보내는 일에 동참하기를 바랍니다. 내가 보낸 응원은 분명 다른 사람들에게 영향을 미치고 결국에는 내게 돌아올 것이기 때문입니다.

3부 응원은 가슴으로 하는 것이다

1부

응원엔 전문가가 따로 없다

기회를 주는 응원

우리 형의 초등학교 시절 이야기다. 형의 5학년 때 담임 선생님은 무슨 이유에서인지 형이 한 번도 해본 적이 없는 웅변에 소질이 있을 거라 믿으셨다. 그래서 기회가 있을 때마다 형에게 웅변을 할 수 있는 자리를 마련해주셨는데 그 시작은 학교 대표로 시민회관에서 열린 웅변대회에 참여한 것이다.

형은 거의 선생님의 일방적인 관심에 떠밀려 호기심 반, 두려움 반으로 웅변대회에 참가했다. 하지만 그 결과는 보통 비참한 일이 아니었다. 형은 나름대로 열심히 준비를 하고 무대 위에 올라서서 '사랑하는 동포 여러분'이라고 강하게 외쳤다. 하지만 그것으로 끝이었다. 자신을 지켜보는 수많은 청

중들과 시선이 마주치는 순간 너무나 긴장한 나머지 그 다음 대목이 떠오르지 않아 인사만 하고 내려왔다는 것이다. 그 결과 형이 다니던 인계 초등학교는 그날 대회에 참가한 수원시의 16개 초등학교 중 꼴찌가 되는 영광을 차지했다. 그때 형은 다시는 절대로 웅변대회에 참가하지 않겠다고 다짐했다고 한다.

누구나 충분히 공감할 만한 일이 아니겠는가? 다짐대로 형은 그 이후 1년여 동안 웅변대회에 참가한 적이 없었다. 그런데 문제는 그 사건이 있은 뒤로 거의 1년이 지나자 5학년 때 선생님이 또다시 형에게 웅변대회에 참가하라고 권유하셨다는 것이다. 게다가 이번에는 수원의 시민회관에서 주최하는 '동네' 행사가 아니라 《동아일보》에서 주최하는 전국 규모의 웅변대회에 도전해보자는 것이었다. 형은 그 말을 듣자마자 기겁을 하면서 "선생님, 작년에 저 때문에 우리 학교가 꼴찌를 해 망신당하는 꼴을 보셨잖아요? 어떻게 제가 다시 웅변대회에 나갈 수 있겠어요? 이번에는 다른 학생을 뽑아주세요" 하며 사정했지만 선생님은 막무가내였다. 선생님께 아무리 사정해보아도 선생님은 좀 더 열심히 준비하면 된다고 형을 격려해주시면서 형이 아니면 안 된다고 거듭 재촉하셨다.

결국 고민 끝에 형은 딱 한 번만 더 하겠다고 약속한 뒤 선생님의 관심과 도움으로 예전의 대회와는 비교도 되지 않는 규모의 웅변대회에 재도전했다.

선생님의 믿음 때문이었을까? 아니면 운명의 장난이었을까? 형은 결국 두 번째 웅변대회에서 놀랍게도 국무총리상을 수상했다. 우리 집안은 물론이거니와 학교가 뒤집어지는 사건이 일어난 것이다. 게다가 부상으로 한양대학교에서 4년 장학금까지 약속을 받게 되는 놀라운 일이 벌어졌다.

어떻게 웅변대회에 두 번째 참가하는 형이 국무총리상까지 탈 수 있었을까? 두 번째 웅변대회의 성격을 알면 그 해답을 쉽게 얻을 수 있다. 《동아일보》에서 주최했던 웅변대회는 '외국인이 우리말로 하는 웅변대회'였다.

한국인 아버지와 미국인 어머니 사이에서 태어난 우리 삼남매는 한국인이지만 외모가 다분히 이국적이다. 특히나 형이 가장 이국적으로 생겨서 외국인인줄 알고 있던 사람들이 형이 한국말을 할 때마다 깜짝 놀랐는데, 한국어를 유창하게 잘하는 형이 외국인 웅변대회에 나가 웅변을 하자 유창한 우리말 솜씨에 놀란 심사위원들에게 호평을 받은 것이다.

중요한 것은 형의 담임 선생님은 한 번의 실패를 맛보았음에도 불구하고 패배감에 빠져 포기하기보다는 형에게 어떻게 하면 또 다른 기회를 마련해줄 수 있는지 고민하면서 우리나라에서 주최하는 각종 웅변대회에 대한 자료란 자료는 모두 수집하는 수고를 아끼지 않으셨다는 사실이다. 결국 적절한 웅변대회를 발견한 선생님은 계속해서 형에게 도전을 주고 격려하면서 옆에서 응원해주셨던 것이다.

형의 5학년 담임 선생님이셨던 이종환 선생님께서 형을 조용히 부르신 뒤 건네신 한마디 "요셉아, 너 웅변해볼 생각 없니?"라는 말은 결국, 외모 때문에 학교에서 '왕따'를 당하던 학생을 웅변을 잘해 친구들의 인기를 한 몸에 받는 학생으로 만들었다. 결국 외형적으로 특별했던 우리 형을 끝까지 포기하지 않고 응원해준 선생님 덕분에 형은 대학 시절 때는 스피치 강사로, 그리고 지금은 영향력 있는 교사와 목사로 국내는 물론 해외에서도 활동적으로 일하고 있다. 이종환 선생님에 대한 형의 웅변 이야기는 두란노 출판사에서 발간 된『삶으로 가르치는 것만 남는다』에 보다 자세히 나와 있다.

요리로 하는 응원

이제는 흔하지 않은 일이 되었지만, 누군가의 가정에 초대 받아 정성껏 준비한 음식을 맛보는 것처럼 우리를 흥분시키는 일도 그리 많지 않을 것이다. 어쩌면 음식이야말로 우리를 가장 기쁘게 해주는 것 중 하나가 아닐까 싶다. 하지만 먹을 거리가 즐비하고 메뉴가 제 아무리 요란해도 집에서 정성껏 준비한 식단에는 비교할 수가 없다. 누군가를 위해 음식을 직접 만들고 알맞은 용기에 담아내서 식탁을 장식하는 것이야말로 가장 위대한 사랑과 섬김의 표현이라 할 수 있을 것이다. 혹시라도 영화 〈바베트의 만찬〉을 못 본 분들에게는 적극 추천해주고 싶다. 타인을 위해 음식을 준비하는 아름다움의 참모습을 발견할 수 있을 것이다.

음식 재료의 질이나 양의 많고 적음, 또는 요리 솜씨를 떠나 식사에 초대한다는 것은 가정을 '오픈'한다는 것이며, 이는 곧 초대를 받은 손님에게 마음을 연다는 것을 뜻한다. 그만큼 쉽고 빠르게 그 속에서 마음과 마음이 이어지는 것을 발견할 수 있다.

얼마 전 우리 가족이 이사하는 것을 알고 어느 가정에서 이사하기 전날 저녁 우리를 식사에 초대해준 적이 있다. 이미 이삿짐을 다 싸놓은 상태라서 그날 저녁은 자장면으로 끼니를 때우거나 외식을 해야 할 처지였는데 그러한 상황을 예측하고 일부러 초대해준 것이다. 그동안 같은 아파트 단지에서 살면서, 같은 교회의 구성원으로 1년 가까이 서로 인사를 주고받은 사이였지만 그날 저녁식사 이후로 우리의 관계는 더욱 가까워졌고, 보다 밀접해졌다.

온종일 정성껏 준비한 듯한 음식도 더할 나위 없이 푸짐했

지만 그보다 가슴으로 느껴지는 푸근함이 더 컸다. 음식이 우리의 몸에 필요한 에너지를 공급해주는 것처럼 사랑의 대접은 우리의 마음에 적잖은 에너지가 되는 것을 알게 되었다고 할까?

물론 요리 솜씨가 부족해 음식을 만드는 것이 부담스럽다면 간단한 차나 간식으로 대신해도 좋다. 요리 자체가 너무 큰 비중을 차지하는 것은 우선순위가 뒤바뀐 것일 수도 있다. 그리고 음식에 지나치게 치우치면 대화에 집중하는 것도 어려울 수 있기에 오히려 간단한 차림(식단)이 서로의 부담을 덜어주어 장점이 될 수도 있다. 영국에서는 오전에 한 번, 그리고 오후에 한 번 티타임 tea time을 즐기는 풍습이 있다고 한다. 어떤 형태로든 우리를 초대해주는 이웃은 어김없이 응원의 통로가 되는 것을 잊지 말자. 그런 의미에서 손님 대접과 요리로 우리를 응원해주는 손길들을 기억해보는 것은 어떨까?

최근 누군가의 집에 초대된 기억을 더듬어보자. 그리고 누군가를 직접 초대한 기억도 더듬어보자. 음식을 나누는 것은 보통 큰 힘과 응원이 아니다. 오래 전 미국 유학 시절 나를 불러주고 식사를 대접해준 사람들은 모두 은인과도 같았고, 그

때의 식단은 정확히 기억할 수는 없어도 초대해준 가정은 거의 빠짐없이 기억할 수 있는 것 같다. 그분들의 영향으로 신혼 시절 우리 가정에는 거의 하루도 빠짐없이 유학생들이 밥을 먹으러 왔는데 신기하게도 음식이 떨어진 기억은 한 번도 없다. 그렇다고 신혼부부에게 우리 내외가 한대로 따라할 것을 적극적으로 추천하지는 않는다. 왜냐하면 부부가 이 일에 마음이 맞지 않으면 가정이 깨지는 지름길이 될 수도 있기 때문이다. 다행히도 내 아내는 요리를 좋아하고 손님 대접하길 좋아하는 편이라 가능했던 것 같다. 더구나 그 당시 아내는 새색시로서 만드는 모든 음식이 새로웠기 때문에 자신이 만드는 음식을 먹어주는 실험 대상들을 언제나 두 팔 벌려 환영했다.

음식에 대한 이야길 하면서 우리 어머니에 대한 이야기를 빼놓을 수는 없다. 그것은 어머님의 요리 솜씨가 대단해서라기보다(그것도 사실이지만), 어머님께서 그 누구보다도 손님을 많이 치르신 경험이 있기 때문이다. 우리 집에서 식사하는 사람들은 보통 일요일에만도 20~30명 안팎이었고, 평일에도 늘 손님들이 북적였다. 어떻게 그 일을 감당해내셨는지 지금도 잘 이해할 수 없지만 최근 어머님이 암으로 투병하시게 된 이유 중에 하나가 수년간 손님을 치르신 영향이 아니었나 싶기도 하다. 어쨌든, 고향 집 '인계동 326번지'의 단골손님들은 각종 유명인사들부터 나의 동네 친구들에 이르기까지 다양했지만 누구나 어머님의 따스한 영접과 음식 솜씨를 맛볼 수 있었다.

어머님께서는 음식 중에서도 파이와 쿠키를 굽는 일에 특별히 남다른 솜씨가 있으셨다. 때문에 사람들에게 쿠키와 파이를 선물하는 것을 특히나 즐기신다. 그리고 손님을 집에 모시면 항상 디저트로 파이 또는 과자를 구우시는데, 파이나 쿠키를 구운 냄새는 집안 가득히 진동하고 손님들을 매료시키기에 그 맛은 정말 둘이 먹다가 하나가 죽어도 모를 정도였다. 사람에겐 여러 가지 감각이 있지만, 그중에서도 후각은 우리의 마음을 편하게 해주는 특성이 있는 것 같다. 차를 마시는 것도, 커피를 마시는 것도, 결국 그 '향'에 취해서 마시는 경우가 있듯이 말이다.

어머님의 요리 솜씨나 손님 접대에 대한 이야기들은 책 한 권에 실을 만한 분량이 되지만 이미 조선일보사의 『사랑이 부푸는 파이 가게』라는 책 속에 충분히 소개가 되어 있기 때문에 '맛보기' 정도로만 소개하도록 한다. 중요한 것은 뛰어난 솜씨나 기술에 앞서 손님을 접대하는 사람의 마음가짐에 있다.

그만큼 음식의 많고 적음이나 메뉴의 내용을 떠나서 국수 한 그릇이라도 손님을 기쁘게 맞이하는 우리의 정성과 사랑이 중요하지 않겠는가. 무엇보다 우리의 가정에서 손수 마련한 차나 음식은 마음과 마음을 연결해주는 지름길임에 틀림없고 그것은 어느 시대나 문화에도 공통적으로 적용되는 진리가 아니겠는가.

부모님은 미국의 빌리 그레이엄 Billy Graham, 1918~ 목사님 내외분과 친분이 있으셔서 루스 그레이엄 Ruth Graham 사모님께서 살아계실 때는 왕래가 자주 있었던 것으로 기억한다. 부모님은 빌리 그레이엄 목사님 내외분이 살고 계신 노스캐롤라이나의 시골집을 여러 차례 방문하셨는데 어머님이 오래 전 들려주신 이야기가 아직도 나의 마음 한구석을 울린다. 그것은 평양에서 초등학교를 나온 사모님이 제법 한국 문화나 음식에 익숙했기에 가능한 일일 수도 있겠지만, 어머님과 아버님이 방문을 하면 루스 사모님은 손수 한국 음식을 정성껏 차리신다는 것이다. 밥과 김치, 각종 나물과 김이 테이블을 장식하는 모습에 어머님은 눈물을 참을 수 없었다고 한다. 한국 슈퍼마켓조차 없는 그 깊은 산속에서 한국 음식을 준비하는 사모님의 마음이야말로 빌리 그레이엄 목사님의 그 어떤 설교보다도 감명 깊은 설교가 아닐까 싶다.

거들어주는 응원

평소에 조금만 주위를 살피면 우리의 도움을 필요로 하는 사람들이 얼마나 많은지 쉽게 발견할 수 있다. 물론 한 개인의 힘으로 해결할 수 없는 일들도 많지만 대부분의 경우에는 큰 도움보다는 평범하고 작은 관심과 사랑의 손길이면 충분하다는 것을 알 수 있다.

하루는 오렌지카운티의 요바 린다Yorba Linda에 있는 교회의 주보에 실린 광고를 통해 '양로원에 계시는 할머니들을 교회로 모시고 올 운전자가 필요하다'는 사실을 알게 되었다. 평소에 운전을 돕는 사람이 있지만 만약의 경우를 대비해 운전자를 좀 더 여유 있게 확보하고 싶다는 내용이었다. 시간적으로도 무리가 없었고 나 스스로도 운전을 제법 즐기는 편이었기 때문에 얼마든지 도움을 줄 수 있겠다고 생각이 되어 그 일을 자원하게 되었다. 많은 시간이나 기술이 요구되는 일도 아닌데 할머니들은 한 사람의 운전자를 얼마나 반가워하는지 모른다. 물론 그 경험을 통해 내가 얻은 것은 할머니들의 기쁨보다도 훨씬 더 컸다. 어쩌면 이것이 작은 도움의 손길을 기꺼이 건네는 모든 사람들의 고백이 아닐까 싶다.

때로는 내가 과연 도움을 줄 수 있는 일이 있을까 싶기도 하지만, 조금만 관심을 갖게 되면 기회는 무궁무진하다. 심지어 등하굣길에 횡단보도를 건너는 어린아이들을 위해서 수고하는 엄마들의 봉사 역시 우리의 박수를 받아 마땅하다. 자기 자식이 횡단보도를 건널 때 도움을 주는 것은 어렵지 않아도 다른 아이들을 위해서 추위 속에 벌벌 떨며 봉사하는 그들은 우리의 마음을 따스하게 해준다.

최근 안 좋은 스캔들로 연일 전 세계 언론에 회자되고 있는 타이거 우즈Tiger Woods, 1975~의 이야기이다. 2008년 말에 우즈는 무릎 수술로 인해 중요한 골프 대회 참가의 기회를 놓치고 치료를 받게 되었다. 하지만 세 살 때부터 아빠의 영향으로 골프에 미친 우즈는 어느 날 예고 없이 '토리파인스Torrey

Pines'라고 하는 샌디에이고의 골프장에 발을 절며 나타났다. 토리파인스는 우즈가 네 번 연속으로 우승을 차지한 곳이기도 하기 때문에 그에게는 특별한 곳이라고 할 수 있다.

하지만 그날 골프장에 도착한 우즈는 골프 클럽을 가지고 오지 않았다. 그는 골프를 하기 위해 온 것이 아니었기 때문이다. 오히려 아마추어 대회가 한참 진행 중이었을 때 우즈는 처음 만나는 59세의 존 에이블John Abel에게 가서 인사를 건넨 뒤에 자신이 캐디로 돕고 싶다고 말했다. 그리고 게임이 끝나는 순간까지 에이블의 옆에서 클럽을 건네주고 닦아주는 캐디 역할을 했다. 이러한 우즈의 모습은 어쩌면 우리에게 잘 알려지지 않은 모습이 아닐까 싶다.

나중에 기자들과의 인터뷰에서 존 에이블은 처음 서너 홀은 말도 못할 정도로 긴장이 되었다고 한다. 우즈와 같이 골프를 하는 것도 상상하기 어려운 일이겠지만, 골프의 황제라 불리는 우즈가 아마추어 선수를 위해 처음부터 끝까지 캐디 역할을 한다는 것을 누가 상상할 수 있겠는가 말이다. 에이블은 게임이 계속 진행되면서 우즈가 워낙 편하게 대해주었기 때문에 서너 홀이 지난 뒤에는 많이 차분해졌고, 예전에는 미처 생각해보지 못했던 원리와 기술을 손쉽게 익힐 수 있었다고 한다. 1백만 달러를 주고도 받기 어려운 타이거 우즈로부터 개인 레슨을 받은 셈이라고 할까? 하지만 그것도 모자라 작별 인사를 하기 전에 우즈는 에이블의 골프 가방에 다음과 같은 사인을 했다. "내가 당신의 캐디로 도울 수 있는 기회를 주어 감사합니다. 당신의 친구, 타이거 우즈."

나는 비록 골프의 세계는 잘 몰라도, 이것이 진정한 프로 정신이 아닐까 싶다. 얼떨결에 우즈를 만난 이후 아마추어 선수 존 에이블의 실력은 얼마나 달라졌을까? 많이 늘었을까? 아니면 그대로일까? 확신할 수는 없지만 예전보다 훨씬 실력이 좋아지고 골프에 대한 애정도 커졌으리라 즐거운 상상에 잠겨본다.

누군가를 거들어주는 응원이란 경우에 따라 1년의 헌신, 아니 그 이상의 헌신이 요구될 수도 있지만, 때로는 단 하루, 혹은 단 한 시간의 도움으로도 상대에게 큰 유익을 줄 수 있음을 기억하자. 오늘 내가 할 수 있는 일, 내가 도움을 줄 수 있는 일, 거들어주는 응원은 과연 어떤 것이 있을까?

손잡아주는 응원

평소에 우리의 손은 과연 어떻게 사용되고 있을까? 한번쯤 생각해볼 가치가 있을 것 같다. 그러고 보면 사람이 손으로 하는 일은 한두 가지가 아니기 때문이다. 물론 의도적으로 우리의 손을 움직이는 경우도 있지만 특별한 생각이나 노력 없이 움직이는 우리의 손동작 하나하나에 얼마나 큰 의미가 담겨 있는지 쉽게 관찰할 수 있다. 우리의 손동작엔 과연 어떤 의미가 있을까? 우리가 일상적으로 하는 일들 중 손으로 할 수 있는 일들을 한번 나열해보자.

이불을 갠다 / 청소를 한다 / 식사를 한다 / 양치질을

한다 / 악수를 한다 / 비누칠을 한다 / 인사를 한다 / 수
화를 한다 / 율동을 한다 / 연주를 한다 / 조각을 한다 /
설계를 한다 / 박수를 친다 / 세수를 한다 / 빨래를 한
다 / 반죽을 한다 / 요리를 한다 / 설거지를 한다 / 바느
질을 한다 / 운전을 한다 / 편지를 쓴다 / 문자를 쓴다 /
메일을 한다 / 전화를 한다 / 노크를 한다 / 단추를 낀
다 / 면도를 한다 / 대접을 한다 / 찻잔을 든다 / 건배를
한다 / 위로를 한다 등등……

이외에도 어린아이의 머리를 쓰다듬어주고, 이마의 땀을
닦아 내고, 눈물을 닦고, 어깨를 두드려주는 등, 손이 하는 일
은 모두 다 기록할 수 없을 정도로 많다고 해도 과언이 아닐
것이다.

우리 집엔 삼남매가 있는데 세 명 모두 비교적 나이가 어
리기 때문에 엄마나 아빠의 손을 잡는 순간들이 자주 있다.
하지만, 그 평범한 행위 하나만으로도 우리는 얼마든지 사랑
을 주고받을 수 있다. 공원이나 길거리에서 손을 잡고 뛰노는
아이들의 모습이나 손을 잡고 산책하는 연인들의 모습에서
볼 수 있듯이 서로의 손을 잡는 것은 인간 사회에서만 가능한

대표적인 애정의 표현이자 친밀함의 상징이며, 사랑하는 사람을 응원해주는 방법 중 하나라고 말할 수 있다.

나는 가끔씩 교도소나 구치소의 재소자들을 방문하기도 하고, 병원에 입원 중인 환자들을 문병하기도 한다. 또는 장례를 집례하거나 군에 위문을 가는 경우도 종종 있다. 그럴 때마다 그들의 손을 잡고 위로하며 용기와 희망의 말들을 건넨다.

나뿐만 아니라 모든 사람들이 일상 속에서 누군가를 찾아가 위로의 손길을 건넬 수 있는 기회가 셀 수 없을 만큼 많을 것이다. 그런 위로의 손길이 필요한 곳에서 잠시라도 상대방의 손을 따스하게 잡아주는 작은 사랑의 행위는 곧 응원의 손길이 된다.

나도 오래 전에 2주가 넘도록 병원에 입원했던 경험이 있는데 당시 나를 찾아와 지긋이 손을 잡아준 가족들과 친구들에 대한 고마움은 지금도 쉽게 잊히지 않는다. 우리에겐 남을 응원해줄 수 있는 기회가 많다. 내가 있는 삶의 자리에서 손을 조금만 움직이면 가능한 일이다.

우리가 가진 손은 사람을 상하게 하는 도구가 되기도 하고 한 개인의 유익이나 만족을 위한 도구가 되기도 하며, 남을 섬기는 도구가 되기도 한다. 후자의 경우 쓰러진 사람을 일으키는 손이나 삶에 지친 사람을 축복하고 위로하는 손이 그러한 경우가 될 것이다.

우리는 손을 어떻게 사용할 것인지 매순간마다 선택을 하게 되는데, 결국 나 자신을 위해 움켜쥔 손을 선택할 수도 있지만 이웃을 위해 펼쳐진 손이 될 수도 있다. 그래서 테레사 Mother Teresa, 1910~1997 수녀는 "우리 마음에 가득한 것이 손길을 통해 드러나는 것"이라고 말한 바 있다.

경청으로서의 응원

누군가의 이야기를 들어주는 것은 어찌 보면 피곤한 일이다. 그것은 아예 전문가들의 몫이라고 여기는 경우도 흔하다. 그러나 조금만 관심을 갖는다면 우리는 누구나 적극적인 경청에 능통해질 수 있다고 생각한다. 폴 틸리히 Paul Tillich, 1886~1965는 "사랑의 첫째 의무가 듣는 것"이라고 했다. 또한 스콧 팩Morgan Scott Peck, 1936~2005은 자신의 명저 『아직도 가야 할 길』에서 "문제는 대체로 우리가 듣는 방법을 잘 모른다는 것이다"라고 말했다. 그것은 달리 말하면 듣는 훈련이, 그리고 듣는 연습이 부족하다는 뜻이다. 하지만, 조금만 연습하면 상황은 얼마든지 달라질 수 있다.

커피숍에서, 또는 식당에서 친구를 만나면 우리는 서로 이야기를 주고받는다. 하지만 어느 순간부터 나 자신이, 또는 상대방이 시계를 자꾸만 들여다본다든지, 지나가는 사람들에게 시선을 자주 준다든지, 눈을 맞추는 횟수가 급격히 줄어든다든지, 불편한 몸짓을 자주 하게 된다면 이것은 십중팔구 건성으로 듣고 있거나 다른 것(다른 사람, 다른 일, 다른 계획, 다른 생각, 다른 곳)에 신경이 가 있다는 것을 의미한다.

우리의 고민거리나 이야기를 주의 깊게 들어주는 친구는 다르다. 그 친구를 의지하고 싶고 무엇이든 고백할 수 있을 것만 같은 이유는 그만큼 집중해서 들어주기 때문이다. 결국 적극적인 경청은 깊은 우정을 낳게 해주는 가장 확실한 지름길이 아닐까 싶다.

한국 LMI(주)의 교육프로그램 DPL에 의하면 사람들은 듣기, 말하기, 쓰기, 등 의사전달 수단 가운데에서 일생 동안 '듣기'에 가장 많은 시간을 소비한다고 한다. 사람이 듣는 데 소요하는 시간은 결국 쓰기보다 다섯 배, 읽기보다 세 배, 그리고 말하기보다 두 배나 많다고 한다. 그 말은 전체 커뮤니케이션의 약 50퍼센트 이상을 우리는 듣는 데 사용하고 있다는 것이다(『아들아, 머뭇거리기에는 인생이 너무 짧다』한언, 266

쪽 참조).

흥미로운 사실은 우리는 평소 귀로만 듣는 것이 아니라는 점이다. 이 사실은 '경청傾聽'이라는 단어 속의 들을 '청'자를 자세히 살펴보면 이해가 쉽다. 그 속엔 물론 '귀 이耳' 자가 들어 있다. 듣는 것은 물리적으로 귀로 하는 것이 상식적이기 때문이다. 하지만 그 외에도 다른 여러 글자들이 합쳐져 있는 것을 볼 수 있는데 첫째 '눈 목目' 자가 있는 것은 상대방의 말을 눈으로도 들을 수 있기 때문이다. 둘째 '한 일一' 자도 찾아볼 수 있는데, 그것은 남의 말을 집중해서 들어야만 제대로 들을 수 있기 때문이다. 주위가 산만하거나, 우리의 내면이 산만하면 그만큼 상대방의 말에 집중하기가 어려워진다. 셋째로 우리는 '마음 심心' 자도 찾아볼 수 있는데 결국 듣는 사람은 마음으로도 듣기 때문이다. 전심으로 듣지 않는다면 그것은 듣는 것이라고 할 수 없다. 마지막으로 우리는 '임금 왕王' 자도 찾아 볼 수 있다. 그만큼 경청은 마치 왕을 대하듯이 듣는 것을 의미한다.

얼마 전에 어느 사회단체에서 아이들을 상대로 자신이 원하는 아버지상을 적어보라고 했다. 그 결과 모든 아이들이 공통적으로 소원하는 아버지상은 말이 통하는 아버지, 내 말을 제대로 이해해주는 아버지였다고 한다. 말이 통한다는 것은 그만큼 상대방의 입장에서 귀담아 들어줄 때 가능한 것이다. 건성으로 듣거나 귀담아 듣지 않고서는 말이 통할 수도 없고, 상대방의 말을 이해해줄 수도 없기 때문이다.

몇 해 전에 일본을 방문한 어느 가족이 우리 집 막내를 위해 캐릭터 인형을 하나 선물해주었다. 인형을 건네주면서 그 인형은 평범한 인형이 아니라 요사이 일본에서 가장 '뜨는' 히트 상품이라는 것도 넌지시 설명해주었다. 그런데 그 인형의 특징은 입이 없다는 점이다. 눈, 귀, 코는 다 있는데 입만 없다.

그 인형이 일본 아이들 사이에서 인기가 많은 이유가 무척 놀랍기만 하다. 일본 아이들이 그 인형을 좋아하는 것은 그 인형이 아무 말 없이(입이 없으니까) 자신이 하는 말을 들어줄 수 있기 때문이라는 것이다. 그만큼 일본 아이들은 외로움을 느끼고 있고, 자신의 말을 들어줄 누군가를 필요로 하고 있다. 부모나, 친구, 누구도 귀담아 들어줄 사람이 없는 세상에서 입이 없는 캐릭터 상품을 통해서라도 일종의 대리만족을 찾는 셈이랄까? 비단, 일본만의 상황은 아니지 싶다. "너만이라도 제발 나의 이야기를 들어달라"는 우리 아이들의 외침을 우리는 과연 놓치며 사는 것은 아닌지 마음이 무겁기만 하다.

물론 그 외침은 아이들만의 외침이 아니다. 주변을 살피면 온갖 외로움을 호소하는 사람들, 그리고 "내 말을 들어 달라"고 외치는 이들이 남녀노소를 막론하고 우리의 소매를 날마다 스치고 지나간다. 문제는 내 말을 하기에 바쁘고, 남의 이야기나 고민거리에 귀를 기울일 여유가 없는 것이 우리의 현주소라는 점이다. 온 세상이 입 없는 캐릭터 인형을 끼고 사는 날이 머지않아 우리의 현실이 될지도 모르겠다.

사람들은 저마다 이야기보따리가 있다. 그리고 그 이야기보따리를 풀어놓을 수 있는 상대가 필요하다. 그만큼 나의 이야기에 귀를 기울여줄 수 있는 사람이 누구에게나 필요한 것이다. 어린이도 그렇고 어른도 마찬가지다. 친구란 무엇인가? 결국 나의 이야기를 귀담아 들어주는 사람이 진정한 친구다. 그만큼 사랑하면 듣기 마련이고 사랑하는 만큼 듣는다.

커뮤니케이션의 달인으로 불리는 미국 CNN 방송의 명 사회자 래리 킹 Larry King, 1933~이 있다. 그가 진행하는 〈래리 킹 라이브 Larry King Live〉는 세계적인 장수 프로그램으로 알려져 있기도 하다. 하지만 그는 자신이 말을 잘하는 재주를 타고난 사람이 아니라고 한다. 자신의 말을 하기보다는 오히려 타인의 말에 귀를 기울이는 편이라고 한다. 그가 방송에서 사회를 볼 때 지키는 첫 번째 규칙은 '상대방의 말을 잘 들어주는 것'이라고 말한다.

이제는 남의 말에 보다 많은 관심을 갖자. 그리고 그들이 무슨 말을 하는지 귀담아 들어주도록 노력해보자.

깜짝 이벤트 응원

때론 부부지간에도 결혼기념일을 잊어버리는 일은 꽤 흔한 일이다. 원래부터 결혼기념일을 대수롭지 않게 생각하거나, 해가 거듭될수록 관계가 시들시들해지는 이유 때문일 수도 있겠지만, 한편으로는 결혼기념일을 기억해주고 축복해주는 일이 중요한 일이 아니라고 여기기 때문이기도 하다.

한 번은 우리 형 내외가 부부 생활에 갈등을 겪다가 끝내 상담을 받게 되는 지경에까지 이른 적이 있었다. 물론 상담 과정을 마치고 온 형과 형수님은 그 이후로 서로를 더욱 존중해주고 사랑하는 모습으로 돌아왔다.

그리고 얼마 지나지 않아 형과 형수님으로부터 우리가 받게 된 선물은 정말이지 충격적이었다. 둘은 놀랍게도 우리 내외의 결혼기념일을 기억해주고, 아이들까지 봐주겠다면서 좋은 공연과 호텔을 예약해주었던 것이다. 이미 공연 티켓까지 예매를 하고, 호텔 숙박비까지 지불했기에 그 선물을 거절하기 어려웠지만, 그렇지 않았더라도 우리 부부는 그리 오래 고민하거나 망설이지 않았을 것이다(사실은 "왜 그런 선물까지 주느냐, 그냥 돈으로 주지"라고 말할까 하다가 꾹 참았다).

특별히 형과 형수님이 어려운 기간을 지내오면서 서로를 위한 특별한 시간과 자리를 만드는 것이 더 필요했을 텐데 오히려 우리 부부를 기억해주고 배려해준 그 마음에 가슴이 벅찼다. 어쩌면 형님 내외가 자신들이 겪은 갈등의 경험을 통해 우리 내외에겐 더 좋은 사랑의 관계를 선물해주고 싶었던 것이 아니었나 싶다. 어쨌든, 그 경험은 단순히 하루만의 경험에서 그치지 않고 수년이 지난 지금에 와서도 우리 부부의 관계를 돌아보게 하는 계기가 되었다고 해도 과언이 아니다.

형님 내외가 준비해준 깜짝 이벤트는 말 그대로 우리를 깜짝 놀라게 했지만, 남을 위해 호텔 방을 예약해주고 값을 지불하는 것처럼 거창한 '이벤트'는 비록 아닐지라도 우리를 흥분시키기도 남을 만한 깜짝 이벤트는 얼마든지 많이 있다.

상대방의 취향을 알거나 가장 적절한 이벤트가 될 만한 것을 예측할 수 있다면 비용이나 노력이 많이 들지 않더라도 큰 효과를 줄 수 있을 것이다.

멋진 공연에 이웃을 초대하거나 요리로 식사를 제공하는 일, 혹은 부담이 없는 작은 선물을 남몰래 준비하는 것 등 누군가에게 깜짝 이벤트가 될 만한 아이디어는 무궁무진하다.

얼마 전에 자녀들을 홈스쿨링 하는 한 가정으로부터 초대를 받은 적이 있다. 그런데 그 가정은 아예 '초대권'을 만들어서 우편으로 보내주었는데, 내 기억으론 그 어느 선물보다도 의미 있는 선물이었던 듯싶다. 그 초대권을 자세히 보면 일종의 '경고문'까지 있었는데, 만일 초대권을 분실하거나 혹은 초대권에 적힌 기한 경과 시 식사를 거꾸로 초대해야만 된다'는 상큼한(?) 내용이 담겨 있었다.

이벤트의 실시 여부도 중요하지만 이벤트 자체보다 상대방에게 의미와 가치가 있는 것을 전해주고 싶다는 마음을 염두에 두고 아이디어를 모아본다면 우리 곁에 있는 사람들을 응원해줄 만한 방법은 그야말로 무궁무진하다는 것을 알 수 있을 것이다. 깜짝 이벤트는 일회성의 이벤트지만 당사자에겐 두고두고 간직되어질 만한 일임을 기억하자.

노래를 선물하는 응원

나는 노래를 잘하는 사람들이 가장 부럽다. 비록 음치일지라도 노래하기를 두려워하지 않는 사람은 한없이 존경스럽기만 하다. 노래는 사람이 있는 곳이라면 언제나 따라다니는 것이라고 할 수 있다. 역사적으로도 사람의 흔적이 있는 곳에는 어김없이 노래와 음악, 그리고 악기와 춤이 있었다. 노래가 그런 자리를 차지할 수 있는 대표적인 이유는 우리의 마음을 살지게 하는 중요한 요인이 되기 때문이다.

노래나 음악은 경우에 따라 우리를 위로해주기도 하고, 기쁘게 하기도 하고, 용기나 희망을 갖게 하기도 하고, 사랑하게 하기도 하고, 때로는 헌신을 다짐하게 하는 놀라운 통로가 되기도 한다. 그래서 개인적으로 부르는 노래도 있는가 하면 국가적 단위로 부르는 노래(애국가)도 있기 마련이다. 그만큼 노래의 힘은 절대로 과소평가해서는 안 될 일이다.

우리에게 노래를 만들 수 있고 노래를 부를 수 있는 소질과 능력이 있다면, 그리고 나의 노래나 악기나 호흡을 통해 누군가의 영혼을 살찌워주고 응원할 수 있는 기회를 만들 수 있다면 무엇 때문에 주춤거리겠는가. 글쟁이가 자신의 글을 통해 사람들에게 영감을 준다면, 노래꾼은 자신의 음악과 노래로 사람들에게 새 힘을 주는 복의 근원이 될 필요가 있는 것이다. 우리에게 노래할 수 있는 재능이 있다면 노래를 부르자. 노래를 멈추지 말자. 나 자신을 위해서나 이웃을 위해 소리 높여 노래하자. 노래를 만든 작곡가는 언젠가 잊힐 수 있어도 노래는 죽지 않는다.

음악이나 노래처럼 우리의 마음을 솔직하고 정확하게 표현할 수 있는 방법이 또 있을까? 우리 시대에 '음악 치료'가 점점 더 인기를 끌고 있는 이유도 결국 우리의 내면 깊은 곳까지 만져주는 능력이 있기 때문일 것이다. 물론, 노래나 음악은 나의 마음을 표현할 수 있는 통로가 되기도 하지만, 남들이 느끼거나 경험하는 세계를 대신해서 표현해줄 수도 있기에 더없이 특별한 것 같다.

내가 개인적으로 좋아하는 노래 중에는 이길승의 〈철수 엄마〉라는 노래가 있다. 철수의 엄마는 오래전에 홀로된 해녀였다. 철수 엄마는 청각과 언어에 장애가 있었을 뿐 아니라 수화도 배우지 못했다. 그러나 해녀 일을 통해서 오형제를 키워내셨고 지금은 막내 철수와 단둘이 행복하게 지내고 있었다. 그런데 철수도 고등학교를 졸업하고 다른 지역에 있는 대학에 진학을 하게 되면서 엄마 곁을 떠나야만 했다.

'장애도 있으시고 교육도 전혀 받지 못하신 엄마가 혼자 지내실 수 있을까?' 고민하던 철수는 홀로 계실 엄마를 생각하며 여러 가지 고안을 해낸다. 노끈과 종을 구해서 옆집에 연결해 위급할 때 사용할 비상벨을 만들기도 했다. 그래도 철수의 마음이 놓이지 않았다. 좋은 방법이 없을까 며칠을 궁리한 끝에 철수는 엄마에게 한글을 가르쳐드려야겠다는 생각을 한다. 서점으로 달려가 유치원생들이 볼 법한 한글 공부 그림책을 구해 와서는 글씨와 그림을 연결시켜가며 하나하나 엄마에게 가르치기 시작했다. 그러다 사랑이라는 단어가 나오고, 그 하트 모양의 그림과 단어를 설명하기가 힘든 철수는 그만 울음을 터뜨리고 만다. 그 과정이 이 노래에 담겨 있다.

철수 엄마   이길승 작사·작곡

철수의 엄마는 듣지 못하고
말도 하지 못하는 해녀랍니다.
그렇게 어렵게 오형젤 키운
엄마를 철수는 사랑합니다.
수화도 모르는 엄마이기에
온몸과 숨소리로 말했답니다.
어느 날 철수는 책방에 들러
한글 공부 그림책 사가지고는
글씨와 그림을 보여드리며
신 나게 하나둘 가르쳤는데
철수가 엄마에게 하고 싶던 말
사랑이란 단어 위에 떨렁 그려진
하트 모양 그것을 설명하려다
너무너무 어려워 울었습니다.
너무너무 속상해 울었습니다.

앞의 노랫말 속에 등장하는 철수의 위대함은 기필코 자신의 마음을 표현할 수 있는 길을 찾아냈다는 것이다. 우리의 마음을 표현할 때, 그것은 다른 사람을 위한 응원의 통로가 될 수 있음을 기억하자. 그것이 노래든, 악기를 연주하는 재주든, 글을 쓰는 감각이든, 그림을 그리는 능력이든 말이다. "사랑은 표현되어질 때 사랑이다"라는 말이 있듯이 우리의 마음을 표현할 때 응원의 함성이 들리게 될 것이다.

그림을 통한 응원

얼마 전에 내가 출장을 떠난 사이 우리 큰아이가 아빠가 그립다며 그림을 그려준 적이 있다. 내가 집에 돌아왔을 때 아이는 그 그림을 나에게 선물해주었는데 그야말로 감동이 아닐 수 없었다. 짧은 글과 그림이 섞인 디자인으로 아빠가 없는 삶은 마치 김빠진 콜라(맥주?)와도 같다는 내용으로 구성되어 있었다.

예를 들자면 아빠 없는 삶은 마치 콩이 빠진 강낭콩 껍데기 같고, 연필심 없는 연필 같고, 노래 없는 아이팟^{iPod} 같다는 식이었다. 프랑스 파리의 루브르 박물관에 전시될 만한 작품은 아닐지라도 아빠의 마음을 흥분시키기에는 충분한, 나에게 감동이 되고 응원이 되는 매우 인상적인 선물이었다.

개인적으로 나는 미술에 대해서는 문외한이다. 국내·해외 할 것 없이 내로라하는 미술관은 비교적 많이 둘러본 편이지만 미술관을 갈 때마다 가장 빨리 나오는 관람객(?) 중 하나이기도 하다. 그나마 다행인 것은 미술을 전공한 아내 덕분에 예전에 비해서는 약간 발전한 것 같다는 점이다.

음악이나 노래처럼 미술에 솜씨가 있는 사람들 역시 응원의 통로가 될 수 있는 잠재력이 충분하다. 어머님이 암으로 투병 중이실 때 어느 분이 오랜 시간과 정성을 들여 그린 등대 배경의 그림을 어머님께 선물해주신 기억이 있다. 현재도 그 그림은 어머님의 눈에 가장 잘 띄는 공간에 자리 잡고 있다. 미술 강의도 나가시고 정기적으로 전시회도 갖는 바쁜 일정에도 불구하고 몸이 불편한 어머님을 생각해 그림을 그려주신 그분의 수고와 성의는 그분의 그림 못지않게 큰 감동이 된다.

최근에 미국에서 지내게 된 안식년 기간 중에 나는 무언가 평소에 해보지 못한 '새로운 것'에 도전해보고 싶은 충동이 일었다. 무엇을 해볼까 고민하다 결국 가까운 커뮤니티 칼리지에서(일종의 전문대학) 미술 과목을 수강하기로 했다. 지금 생각해보면 안식년 기간 동안 한 일 가운데 가장 보람된 일이었음이 틀림없다. 결국 내가 선택한 두 가지 과목은 '유화'와 '파스텔'이었는데, 여전히 전문가가 되려면 아직도 멀었지만 그 과정을 통해 나는 빛과 어둠의 조화, 그리고 색상의 다양함과 아름다움을 새롭게 경험할 수 있었다.

물론 나의 그림을 남들에게 선물하거나 보여줄 수 있는 수준까지 도달하려면 시간이 꽤 걸릴 것이라는 걸 나는 잘 알고 있다. 하지만 실력이나 프로필을 떠나 우리에게 미술에 대한 감각이 어느 정도 있다면 그것은 우리에게 우연히 주어진 특권이 아니라고 생각한다. 왜냐하면 그 경험은 누군가를 위한 적잖은 응원의 통로가 될 수 있기 때문이다. 내가 정성들인 한 폭의 그림 속엔 상대방의 마음을 새롭게 하는 힘은 물론 우리가 살아가는 세상을 다시 보게 하는 놀라운 힘이 담겨 있다.

책으로 보내는 응원

인생의 성공 기준이 '1·10·100'이라는 말이 있다고 한다. 그 뜻은 죽을 때 자신에게 한 명의 훌륭한 스승과, 열 명의 진정한 친구, 그리고 백 권의 좋은 책을 가지고 있다면 성공한 인생이라는 뜻이다. 《고도원의 아침편지》에서 읽은 글 중에 "책을 1년에 100권을 읽으면 아주 많이 읽는 것이고, 50권 정도를 읽으면 꽤 많이 읽는 것이고, 24권 정도를 읽으면 적당히 읽은 것이고 12권 정도를 읽으면 적게 읽는 것이고, 그보다 더 적게 읽었다면 배우는 데 게으른 사람"이라는 구절이 있다.

책을 좋아하는 이들에겐 책을 받는 것처럼 특별한 것도 없다. 책은 그만큼 우리의 마음과 영혼을 살찌우는 힘이 있기 때문이 아닐까. 더구나 상대방의 취향을 안다면 한 권의 책은 보통 큰 선물이 아니라는 것을 우리는 알 수 있다.

물론 상대방이 좋아할 만한 책을 잘 모를 경우 요즘은 문화(도서)상품권을 선물해줄 수도 있다. 학생일 경우, 자신이 즐겨 볼 만한 책을 직접 선택할 수 있기 때문에 더없이 좋은 선물이 될 수 있지 않겠는가. 예전에 용혜원 시인을 개인적으로 만날 기회가 있었는데, 그분은 늘 가방 속에 자신의 시집을 여러 권 지니고 다니면서 낯선 사람에게도 책을 선물해주곤 했다. 전문 서적이라면, 자신의 책을 선물하기에 부적절할 수도 있겠지만 짧은 시집은 누구나 부담 없이 읽어볼 수 있을 법한 선물이 되기에 특별히 인상적이었다.

물론 그렇다고 해서 누구나 하루아침에 유명한 시인이 될 수 있는 것은 아니다. 그러나 비록 시인이 아니어도, 좋은 시집이나 책을 여분으로 가지고 다닐 수만 있다면, 그리고 그 책을 우리가 만나는 사람에게 선물해주는 마음의 여유까지 있다면 얼마나 아름답겠는가 하는 생각을 해본다. 더러는 이상하게 여기는 사람도 있겠지만, 특별한 이유가 아니고서는 거절할 사람들은 그리 많지 않을 것이다. 또 어떤 경우에는 선물받은 사람에게 큰 위로와 유익이 될 수도 있을 것이다.

특별히 내가 읽은 어떤 책이 내게 특별한 의미를 주었다면 그 책을 남들에게도 선물해주고 싶은 생각이 든다. 무언가를 나눌 때 기쁨이 두 배가 된다는 표현은 바로 이런 경우에 적용되는 원리일 것이다.

좋아하는 책을 개인적으로 선물해주는 것이 부담이 된다면 우리가 평소에 아끼는 책을 가까운 도서관에 기증하는 방법도 있다. 그 책은 결국 내가 좋아하는 한 권의 책에서 그치는 것이 아니라 수많은 사람들이 함께 즐길 수 있는 통로를 마련해주는 계기가 되기 때문에 그야말로 일석이조라 할 수 있다.

더 나아가, 요즘은 어려운 지역에 사는 어린이들이나 지역 주민들을 위해서 작은 도서관을 마련해주는 운동도 일어나고 있다. 그것은 비록 한 사람의 힘으로 할 수 있는 일은 아니겠지만, 같은 꿈을 품은 여러 사람들이 힘을 모으기만 한다면 가장 뜻 깊은 일이 될 수 있을 것이다.

안중근 의사는 "하루라도 책을 읽지 않으면 입에 가시가 돋친다"는 유명한 말을 남겼다. 그런가 하면 마르틴 발저 Martin Walser, 1927~는 "우리는 우리가 읽는 것으로 만들어진다"

고 말을 했으며, 괴테^{Johann Wolfgang Von Goethe, 1749~1832}는 "1만 권의 책을 읽었지만 여전히 내 몸은 서럽기만 하다"라는 말을 남긴 것으로 널리 알려져 있다.

오늘은 시작해보자. 내가 좋아하는 책을 필요로 할 만한 한 사람에게 선물해주기로 말이다. 한 권의 책이 한 명의 재소자에게 얼마나 큰 희망이 되겠는가 상상해보자. 한 권의 책이 시골 마을의 어린아이에게 어떠한 꿈을 심어줄 수 있을지 한 번쯤 상상해보자. 한 권의 책이 군대에서 수고하는 한 청년에게 어떤 가치가 있게 될지 상상해보자. 그러곤 상상에서 멈추지 말고 움직여보자.

사진을 통한 응원

최근에 선물 받은 『사진 읽는 CEO』라는 책의 서두에는 다음과 같은 내용이 있다.

다른 모든 예술들이 그렇듯 사진 또한 인생에 대한 깊은 통찰의 결과다. 그저 사물 하나를 찍는 것에 만족하지 않고, 더 깊은 인생의 의미를 추구한 사진가들의 통찰이 한 장의 사진 속에 녹아 있는 것이다. 이것이 바로 사진이 인생이라는 큰 물줄기와 만날 수 있는 이유다.

'백문불여일견百聞不如一見'이란 말처럼 한 번 보는 것이 백 번

듣는 것보다 훨씬 유익하다는 표현을 우리는 잘 알고 있다. 간접적으로 듣는 것보다 직접 보는 것이 주는 의미는 더 효과적일 수밖에 없는 것이다. 마찬가지로 한 장의 사진이 우리에게 주는 메시지 역시 강력하게 다가온다. 이따금씩 서양 사람들을 만나게 되면 매우 인상적인 전통을 발견할 수 있는데 저들은 평소에 자녀들의 사진이나 손자들의 사진, 혹은 그 외의 가족사진을 지갑에 지니고 다니는 것을 흔히 볼 수 있다. 한편으론 가족 사랑에 대한 표현이기도 하지만 또 다른 차원에서는 처음 만나는 사람들이나 오랜만에 만나는 사람들에게 자신의 가족을 가장 빠르게 소개할 수 있는 방법이기 때문이다.

사람들이 지갑 속에 간직하는 한 장의 가족사진 속에는 그 어떤 언어로도 표현할 수 없는 가치가 내포되어 있음을 우리는 짐작할 수 있다. 또한 탁자 위에 올려진 사진이나 컴퓨터 바탕화면에 띄워놓은 사진 속에는 적지 않은 메시지가 있기 마련이다. 비록 한 장의 사진일지라도 그 속에 담긴 뜻은 무궁무진하다.

간혹 생일이나 결혼기념일, 자녀의 탄생이나 졸업을 축하하는 의미에서 사진을 선물하는 사람들을 볼 수 있다. 그것이 한 장의 사진이든 한 권의 앨범을 가득 채운 사진들이든 거기엔 신비로운 힘과 매력이 있는 것을 알 수 있다. 나 개인적으로도 액자에 담긴 사진을 선물받은 경험이 있는데 참 고맙고도 인상적인 선물이었다. 내가 평소에 아끼거나 간직하는 사진은 어떤 것이 있을까? 사진에 대한 관심이나 기술이 있다면 그것을 응원의 통로로 삼을 수 있는 방법은 무엇이 있을까?

우리 형수님은 미술을 전공했지만 사진을 찍는 일에도 관심이 많아 사진 솜씨 역시 보통 뛰어난 편이 아니다. 하지만 내가 관찰한 바로는 형수님에게 있어 사진을 찍는 일은 단순히 취미 생활을 넘어선 것이었다. 격려가 필요한 사람에게 가장 적절한 때에 가장 적절한 사진을 선물해주시기 때문이다.

국내외의 여러 기관들은 정기적인 사진 공모전이나 사진 전시회를 통해 모금된 돈으로 어려운 이웃을 돕는 일에 적극적으로 이바지하기도 한다. 그만큼 사진에 취미가 있는 사람들의 힘을 빌릴 수만 있다면 다양한 장르의 창조적인 작품을 만들어낼 수 있고, 그것을 통해 누군가를 응원해줄 수 있는 기회로 삼을 수 있는 것이다. 사진을 배우는 일, 지금도 늦지 않았다.

같이 가자고 하는 응원

함께 산책을 하는 어느 아버지와 아들의 이야기를 들은 적이 있다. 아버지와 어린 아들이 함께 산책을 하는데 아버지의 걸음이 빨라 함께 산책하는 아들이 항상 아버지의 걸음에 맞추기 힘들어했다. 특히 아버지가 무언가 생각에 골똘할 때면 걸음이 더 빨라진다. 하루는 아들이 아빠의 보폭을 맞출 자신이 없어지자, "아빠, 기다려주세요!"라고 외쳤다. 그러자 아빠는 잠시 생각을 가다듬고 아들 앞에서 허리를 굽혀 이야기했다.

"아들아, 미안하다. 아빠가 이제부터는 너를 기다려주고 보폭을 맞추기 위해 천천히 가도록 노력할게." 그러고는 한마디 말을 덧붙였다. "아빠가 그렇게 너를 기다려줄 테니, 나중에 아빠가 늙었을 때 널 위해 아빠가 기다려준 것을 기억하고 너도 아빠를 위해 같이 걸어줄 수 있겠니?"

그로부터 거의 20년이 지난 오늘, 두 부자는 여전히 같이 산책을 즐긴다고 한다.

누군가와 삶을 나누고 같이 걷기 위해서는 먼저 나의 속도를 줄여서 상대방을 배려할 수 있어야 한다. 조금 불편해도 나의 속도를 조절하는 쪽이 혼자 걷는 것보다 훨씬 유익하지 않겠는가. 성공적인 삶은 얼마나 빨리 걷느냐의 경주가 아니라 얼마나 많은 사람과 함께 걷고 있느냐의 문제다. 물론 그렇다고 해서 모든 사람을 기다려줄 수는 없는 노릇이겠지만 사랑하는 사람을 기다려주면서 같이 가자고 불러주고 초대하는 것은 그렇게 어려운 일이 아닐 것이다.

누군가 나를 불러준다는 것, 그리고 어딘가를 같이 가자고 하는 것처럼 감동이 되는 경험도 많지 않다. 누가 일부러 나를 기억해주고 언제나 좋은 것을 함께 나누려는 마음이야말로 아름답기 그지없다.

사랑하면 우리는 분명히 같이 가자고 할 것이다. 그리고 기꺼이 기다려줄 수도 있을 것이다. 좋아하는 식당이 있으면 그 식당을 같이 가자고 할 것이며, 좋아하는 영화가 있으면 같이 영화를 보러 가자고 할 것이고, 좋아하는 사람이 있으면 같이 만나자고 초대할 것이기 때문이다.

미국에서의 안식년 기간 중 누구보다 나를 자주 만나준 분은 대니얼 화이트Daniel White 목사님이다. 미국에 도착한 지 얼마 안 돼 시카고의 리빌 컨퍼런스를 같이 가자고 했고, 그 이후로도 매번 좋은 행사가 있으면 가장 먼저 정보를 주는 것은 물론 같이 가자며 연락해주는 둘도 없는 친구였다.

가뜩이나 낯선 이국땅에서 잠시 머물다가 돌아갈 그야말로 순례자인 나에게 수시로 연락을 해 '같이 가자' 불러주는 것처럼 감사한 일도 없다. 편하게 혼자 가면 그만인걸 혼자 가는 대신 어김없이 나를 자신의 일정에 포함시켜주고 초청해주는 그 마음의 배려에 늘 진한 감동을 받았다.

화이트 목사님은 그것도 모자라 "점심을 같이 먹자", "커피 마시러 가자" 하거나 자신의 집에 초대해준 적도 한두 번이 아니다. 어쩌면 '같이 가자'는 한마디 말은 아무것도 아닌 지극히 단순한 말 같지만 알고 보면 보통 큰 응원이 아니다. 우선 나 자신부터 그 말을 좀 더 자주 건넬 수 있다면 어떨까?

산책을 같이 하자 / 운동을 같이 하자 / 공연을 같이 보
자 / 영화를 같이 보자 / 차를 같이 마시자 / 식사를 같
이 하자.

너무나 짧고 간단한 말들이지만, 그 한마디 속에는 우리의
마음을 녹여주고 새롭게 하는 응원의 힘이 있다.

물질로서의 응원

선진국은 기부 문화가 남달리 잘 발달되어 있다는 사실은 누구나 아는 바이다. 자신의 재산을 자녀들에게 물려주기보다는 오히려 학교나 병원 등의 공공기관에 헌납하는 경우가 많다. 그런가 하면 요사이 미국 사회에서 자발적으로 이루어지고 있는 운동 중에 하나는 자기 수입의 50퍼센트를 기부하는 모임이 꽤 활성화되어 있다는 것이다. 버는 것이 많은 만큼, 사회에 환원을 하겠다는 선한 의지를 갖고 있는 것이다. 중요한 것은, 규모와 상관없이 우리의 소유나 물질이 누군가를 위한 나눔의 통로가 될 수 있다는 것을 기억해야 된다고 생각한다.

하지만 물질이 항상 '돈'을 의미하는 것만은 아니다. 여러 종류의 NGO 등의 자선 사업 단체들을 보면, 여러 가지 형태의 물질을 통해 이웃들의 신음소리를 해소하는 데 도움을 주고 있다. 미국의 한 신발 회사는 신발 한 켤레를 판매할 때마다 자동적으로 또 다른 신발 한 켤레를 저소득층 어린이들을 위해 기증할 수 있는 시스템을 도입했는가 하면 어느 단체는 중고 자동차를 기증할 경우 기증된 자동차를 자체 수리한 뒤 가장 필요한 이웃에게 무상으로 제공하는 곳도 있다. 그것이 어떤 일이든 공동의 목표를 위해서 여럿이 조금씩만 힘써 모으면 우리 삶은 분명히 작은 기적을 체험하며 유통하는 현장이 될 것이라고 믿는다.

내가 가진 것을 나눌 때 거기에는 기쁨이 두 배라는 말이 있다. 그만큼 내 소유를 나눌 때 더 큰 기쁨이 나에게 돌아오기 때문이다. 이것은 인간적인 계산이나 일반적인 상식을 뛰어넘는 개념이긴 하지만, 어쩌면 경험해본 사람들만이 누릴 수 있는 일종의 축복이자 특권이라고 할 수 있을 것이다.

몇 해 전에 필라델피아의 길거리를 방황하는 노숙자들을 위해 잠자리와 일거리를 제공해주는 NGO에 대한 강의를 들은 적이 있다. 강사에 의하면 저들에게 절실하게 필요한 것들은 여러 가지가 있지만 그중에서도 추운 겨울을 버틸 수 있는 튼튼한 신발이 가장 필요하다고 거듭 강조를 하면서 인도의 테레사 수녀와 성경 속의 예수님의 이웃 사랑에 대한 내용을 여러 차례 언급한 기억이 있다. 하지만 가장 인상적이었던 것은 강의가 끝날 무렵에 강의에 참여한 모든 사람들에게 준 구체적인 도전이었다. 한마디로 우리가 신고 있는 신발을 즉석에서 벗어서 기증을 하면 자기가 직접 노숙자들에게 신발을 전달해주겠다는 것이었다. 그 주말 행사에서 모아진 신발은 모두 1,800켤레나 되었다.

그 당시에 나를 놀라게 한 것은 많은 신발을 모았다는 사실보다, 내가 신고 있는 한 켤레의 신발이 가질 수 있는 잠재력이었다. 그 신발이 필라델피아의 시내 한복판에서 추운 겨울을 나게 될 한 명의 노숙자의 발에 신겨질 것이라는 사실은 상상만으로도 적지 않은 기쁨이 되었다.

우리의 이웃을 도울 수 있는 방법은 무척 다양하다. 어쩌면 돈으로 도움을 주는 것이 가장 단순하고 쉬운 방법이 될 수도 있겠지만, 그 방법만이 있는 것은 분명히 아니다. 특히 내가 있는 삶의 현장에서 내 가까이에 있는 이웃을 도울 수 있는 최선의 방법은 내가 가장 잘 알기 마련이다. 내 곁에서 소외되고 잊힌 이웃을 구체적으로 응원해줄 수 있는 방법은 무엇이 있을까? 다같이 생각해보았으면 좋겠다.

용기를주는응원

머리말에서도 언급했듯이 용기라는 영어 단어 'courage'
는 라틴어의 'cor'라는 단어에서 파생된 단어로 본래 '심장'
또는 '마음'이란 의미를 갖고 있다고 한다. 다시 말해 누군가
에게 용기를 심어주는 행위는 우리의 심장이나 마음을 나눠
주는 것이나 마찬가지인 셈이다. 서로를 위한 일상에서의 작
은 응원은 절대 무시할 수 없는 용기의 원천이 되며 우리는
그 응원을 주고받을 때 하루를 힘차게 시작하고 마무리할 수
있게 된다.

어느 장대높이뛰기 선수에 대한 이야기다. 한 유명한 장대
높이뛰기 선수가 갑작스러운 사고를 당해 다리를 사용할 수

없게 되었다. 그는 원래 장대를 들고 새처럼 하늘을 날아오르던 운동 선수였기에 다리를 사용할 수 없게 되자 하늘이 무너지고 땅이 꺼지는 충격에 빠졌다.

아무리 생각해도 그에겐 절망뿐이었고 마음이 무너져 내리는 경험을 반복할 수밖에 없었다. 그러던 중 하루는 자신을 돕고 있는 간병인에게 조심스럽게 물어보았다.

"내게도 미래가 있을까요?"

간병하는 분은 천천히 그를 보면서 그러나 단호하게 말을 건넸다.

"물론 장대높이뛰기 선수로서는 희망이 없겠지요. 하지만 인간으로서는 무한대의 희망이 남아 있음을 반드시 기억하십시오."

위의 글은 리처드 브리크너^{Richard Brickner, 1933~2006}의 『망가진 날들』이라는 책에서 나오는 이야기다.

우리 주위에서 용기를 필요로 하는 사람들은 한두 사람이 아닐 것이다. 우리 가까이에도 우리의 마음을 주고 심장을 주어 기운을 얻게 될 사람들, 다시 일어서게 될 사람들이 과연 얼마나 많겠는가.

용기를 주는 응원이 너무 거창하게 들릴지도 모르겠지만, 사실 용기를 주는 것은 대단하거나 특별한 것이 아니다. 많은 힘이 요구되는 것도 아니고 특별한 기술이나 경험이 요구되는 것도 아니다. 때로는 한마디 말, 혹은 상냥한 미소나 평범한 도움이 상대방에게 용기를 줄 수도 있다.

테니스를 배워본 사람이라면 누구나 처음 서빙serving을 배울 때의 긴장감을 기억할 것이다. 공을 공중에 던져 올릴 때 그놈의 볼이 맘대로 움직이지 않고 여기저기 사방으로 움직여서 고생하는 긴장감 말이다. 둘째 아이가 테니스 코치로부터 처음 서빙 레슨을 받던 날을 나는 여전히 기억하고 있다. 그 이유는 코치가 먼저 시범으로 공을 하늘을 향해 여러 차례 던지는 모습을 보여주고는 이렇게 말했기 때문이다.

"테니스가 좋은 이유는, 서빙을 하기 위해 공을 위로 던질 때 마음에 안 들면 다시 던지고 또 다시 던질 수 있기 때문이다."

공을 위로 던져도 라켓을 휘두르지만 않는다면 공을 다시 던질 수 있는 기회가 마음껏 주어진다는 것이다. 그때 그 코치의 한마디가 서빙을 배우는 아들의 긴장감을 풀어주는 것을 나는 옆에서 지켜볼 수 있었다.

테니스 레슨을 배우는 과정 속에서 어쩌면 서빙은 가장 어려운 부분 중에 하나이기도 하다. 그만큼 긴장되고 자신감이 없는 순간이라고 할 수도 있다. 하지만 말 한마디로 쉽게 아이들의 긴장감을 풀어주는 코치의 그 모습은 나에게 단순히 테니스 레슨 이상의 가치가 있는 매우 귀한 삶의 도전이자 레슨이었다.

우리가 누군가에게 용기를 주는 것은 바로 이런 것이다. 때로는 가장 적절한 말 한마디면 충분한 것이기 때문이다. 용기를 주는 응원은 특별히 돈이 드는 것도 아니다. 많은 시간이나 에너지를 요구하는 일도 아니다. 그저 조금만 관심을 갖는다면 그리고 한번쯤 주변을 살펴본다면 언제든지 할 수 있는 것이다.

2부

응원은 사람만이 할 수 있다

생일을 기억하는 응원

유학 시절 여름 방학 때마다 아르바이트를 했다. 그중에서
도 남부 지역의 애틀랜타에 있는 에드워즈 베이커리Edwards
Bakery라는 과자와 파이를 만드는 공장에서 일을 했던 경험은
지금도 잊히지 않는다. 그 공장에서 일했던 경험이 인상적인
이유는 두 가지였는데 하나는 일하는 사람들이 나를 제외하
고는 모두 흑인이었기 때문이며, 다른 하나는 과자와 파이를
구워내는 공장이다 보니 일터가 항상 오븐처럼 뜨거워서 매
일 땀범벅이 되었던 기억 때문이다. 하지만 가장 인상적이었
던 일은 따로 있었다.

평소처럼 일하던 어느 날이었다. 갑자기 2층에서 일하던

상사가 나에게 심부름을 시킬 일이 있다며 2층으로 올라오라는 것이었다. 회사의 경영진들이 중요한 회의를 해야 하는데, 테이블을 옮길 인력이 부족하다는 것이다. 2층은 주로 사무 공간으로 사용되었는데, 공장을 견학하는 사람들이나, 공장의 경영진들이 아래층에서 일하는 사람들을 내려다볼 수 있도록 설계되어 있었다. 나는 아무 생각 없이 흑인 상사를 따라갔고 그의 지시에 따라 2층의 한 구석에 있는 사무실의 손잡이를 돌려 문을 열었다. 그런데 갑자기 그 안에서 20여 명의 직원들이 환호를 하며 생일 축하 노래를 불러주는 것이었다. 하루하루 일에 치여 그날이 내 생일인지도 그 순간까지 몰랐는데 이를 기억하고 축하해주니 얼마나 놀랍고 고마웠는지 모른다. 게다가 흑인들의 노래 솜씨는 소름 끼칠 정도로 뛰어나다는 것도 배우게 되었다.

가족과 떨어져 생활해야 했던 유학생 신분이었기에 외로움이 더했을 상황 속에서 누군가 나의 생일을 기억해주었다는 사실과 그 친구들과 처음으로 경험하게 된 '깜짝 파티'는 나의 마음속에 두고두고 간직할 즐거운 추억이 아닐 수 없다. 1년에 한 번씩 돌아오는 누군가의 생일을 기억해주고 축복해주는 것이 얼마나 고마운 일인지 새삼 느낄 수 있었다.

모르긴 몰라도 누군가로부터 진실된 축복이나 축하를 받는 것을 싫어하거나 거절할 사람은 없을 것 같다. 가뜩이나 나의 생일을 잊지 않고 기억해주는 사람이 있다는 것은 보통 고맙고 기분 좋은 일이 아니다. 어떻게 보면 그리 대단한 일이 아닌 것 같지만, 당사자에겐 적지 않은 격려가 되기 때문이다. 물론, 집안의 전통이나 분위기에 따라 생일에 큰 의미를 두지 않는 경우도 있지만 대개 생일은 상대방을 응원해줄 수 있는 최고의 기회가 아닐 수 없다. 얼마 전에 생일과 관련된 감동적인 이야기를 읽은 적이 있는데, 미국의 사회학자 토니 캠폴로Tony Campolo, 1935~의 책 『하나님의 나라는 파티입니다』에 수록된 내용을 요약한 것이다.

아그네스 이야기

특강을 위해 하와이에 들른 이스턴 대학의 사회학 교수 토니 캠폴로는 시차로 인해 새벽 3시경에 일어나 허기진 배를 채우기 위해 호놀룰루 거리로 나가 식당을 찾았다. 대부분의 상점이나 식당은 문이 닫혔지만 길 한쪽 편에서 문이 열려 있는 작은 음식점을 발견했다. 하지만 그 행복은 잠시뿐, 음식점이 얼마나 지저분했는지 메뉴판을 펼치면 뭔가 소름끼치는 것이 기어 나올 것만 같아 메뉴판에 손을 대기조차 겁날 정도였다. 그때 주방장처럼 보이는 사람이 다가와 뭘 먹겠느냐고 묻자 캠폴로는 커피 한 잔과 도넛을 주문했다. 주방장은 커피를 따라 준 뒤, 때 묻은 손을 아무렇지도 않게 지저분한 앞치마에 슥 닦고는 바닥에 떨어뜨린 도넛을 접시에 담아주었다. 억지로 커피를 마시며 도넛을 먹고 있는데 바로 그때 갑자기 식당 문이 활짝 열리면서 여덟 명 가량의 창녀들이 들어왔다. 모두 자극적인 옷차림에, 성격도 꽤나 거칠어 보이는 여자들이었다. 식당이 비좁아 어쩔 수 없이 캠폴로의 옆 자리까지 차지하고 앉았다. 거칠고 원색적인 표현을 써 가면서 큰 소리로 여자들이 떠들고 있는데 그중 하나가 한숨을 내쉬며 말했다.

"내일이면 또 내 생일이다. 어느새 서른아홉 살이나 먹었네, 참."

그러자 그녀의 친구가 기분 나쁜 목소리로 괜히 시비를 걸었다.

"그런 이야길 왜 하는 거야? 생일이라고? 그래서 우리에게 뭘 원하는데? 네게 케이크라도 사다주고 생일 축하 노래라도 불러줘?"

생일을 맞이한 여자가 참다못해 말을 가로챘다.

"누가 네게 생일 파티를 부탁했어? 그냥 지나가는 말로 한 푸념인데, 왜 시비야? 나이 한 살 더 먹은 것이 속상해 한 말을 가지고 꼬투리 잡지 마! 내가 너 같은 년에게 바라긴 뭘 바라겠냐?"

여자들은 바로 옆자리에 앉아 있는 캠폴로는 아랑곳하지 않고 서로 그렇게 말싸움을 하고 있었다. 캠폴로는 여자들이 자리를 뜰 때까지 기다렸다가 그들이 떠나자마자 주방장에게 물었다.

"저 사람들 매일 밤마다 여기에 옵니까?"

주방장은 그렇다고 대답했고, 캠폴로는 또다시 질문을 던졌다.

"제 오른편에 앉아 있던 여자도 매일 밤 여기에 오는 손님입니까?"

계속되는 질문에 의아해하면서 주방장이 대답했다.

"그럼요, 그 여자 이름은 아그네스죠. 아그네스도 매일 밤 여기에 옵니다. 그런데 왜 그러십니까?"

"듣자 하니 내일이 그 여자의 생일이라고 하네요. 그래서 당신과 제가 그녀를 위해 뭔가 해줄 일이 없을까 해서 말입니다. 내일 밤 여기에서 우리가 그녀를 위해 깜짝 파티를 열어주면 어떨까요?"

캠폴로의 제안에 주방장은 통통한 뺨에 귀여운 미소를 띠면서 좋은 생각이라고 말을 하곤 주방에서 요리하는 아내를 큰 소리로 불렀다.

"어이, 여보 이리 좀 와봐. 이 사람이 아주 좋은 생각을 했어. 글쎄 내일이 아그네스 생일이래. 그래서 이 사람이 우리랑 같이 내일 밤에 우리 식당에서 깜짝 파티를 열어주자고 하네."

그러자 주방장의 아내가 주방에서 나오더니 환하게 웃으면서 말했다.

"굉장한 생각이네요. 당신도 알다시피 아그네스는 정말 착하고 친절한 여자잖아요. 그런데 아직 아무도 아그네스에게 친절하게 대해준 적이 없었어요. 정말 좋은 생각이에요."

캠폴로는 그 식당의 주방장 부부에게 부탁했다.

"자, 그럼 제가 내일 새벽 2시 30분까지 여기로 올 테니, 함께 파티 장식을 꾸미면 어떨까요? 생일 케이크는 제가 사올게요."

그러자 주방장이 대답했다.

"아닙니다. 생일 케이크는 제가 준비해야죠. 제가 아그네스를 위해 케이크를 직접 만들겠습니다."

약속한 대로 다음 날 새벽 일찍이 일어난 캠폴로는 그 식당을 가는 길에 편의점에 들러 오돌오돌한 장식용 크레이프 색지를 구입해서 큰 종이판에 조각칼로 '아그네스, 생일을 축하합니다!'라는 문구를 새긴 뒤 식당의 한쪽 끝에서 다른 쪽 끝까지 크레이프 종이로 성의껏 장식을 했다.

새벽 3시 15분쯤 되자 호놀룰루에 있는 거의 모든 창녀들이 그 음식점을 채웠다. 아마도 주방장의 아내가 길거리에 나가 파티에 대한 소문을 낸 것이 틀림없었다. 결국, 그 식당은 창녀들로 빽빽하게 들어차 있었고, 캠폴로 교수는 그녀들의 한 가운데 있게 되었다.

드디어 정각 3시 30분. 조금 뒤에 음식점 문이 열리고 아그네스와 친구들이 들어왔다. 자의 반 타의 반으로 졸지에 캠폴로 교수는 파티의 사회자가 되었고, 그들이 들어오는 순간 캠폴로 교수의 사인에 따라 모두가 동시에 "생일 축하해, 아그네스"를 큰 목소리로 외치면서 축하해주었다.

아그네스는 너무 놀란 나머지 입이 딱 벌어졌고 다리에 힘이 풀려 후들후들 떨리고 있었다. 얼굴은 또 얼마나 하얗게 질렸는지 아그네스의 친구가 그녀의 팔을 붙잡고 진정시켜야 될 정도였다. 그녀는 카운터 앞에 놓여 있는 의자들 중 하나에 앉았고, 그때 모두 '생일 축하' 노래를 불러주었다.

"생일 축하합니다. 생일 축하합니다. 사랑하는 아그네스~ 생일 축하합니다."

노래가 끝나자 아그네스의 눈가는 촉촉이 젖어 있었고, 아무 말도 할 수 없었다. 초를 정성스레 꽂은 케이크를 아그네스의 앞에 놓아주자 그녀는 내내 참았던 울음을 터트리고 말았다. 순간 어색하고 썰렁해진 분위기를 전환하기 위해 주방장이 평소의 퉁명스러운 목소리로 한마디했다.

"아그네스, 촛불 꺼야지! 빨리 끄지 않으면 내가 확 꺼버릴 테야!" 하면서 찡긋 웃었다. 주변에서 재촉해도 아그네스가 촛불을 끄지 못하자 주방장이 조심스레 촛불을 끄고 대신에 칼을 쥐어주며 케이크를 자를 것을 주문했다.

"아그네스, 괜찮아. 케이크라도 자르자, 응? 그래야 모든 사람에게 조금씩 나누어줄 수 있잖아."

하염없이 케이크를 내려다보던 아그네스는 천천히 나지막한 목소리로 말을 이었다.

"사실, 부탁이 있는데…… 이래도 될까? 내…… 내 말은 이 케이크 말이야. 지금 이 케이크를 자르지 않고 내가 며칠만 간직하면 안 될까? 내 말은, 지금 바로 먹지 않고 조금만 더 기념으로 보관하고 싶다고……."

"물론이지. 네 케이크인걸. 케이크를 집에 가져가고 싶으면 가져가도 돼"라며 주방장이 흔쾌히 동의했다. 그러자 아그네스는 캠폴로를 바라보며 한 가지 부탁을 더 했다.

"저…… 저는 여기서 멀지 않은 곳에서 사는데, 걸어갈 수 있는 거리거든요. 저쪽 길목 끝이에요. 이 케이크를 집에 갖다 놓고 싶은데, 그래도 괜찮을까요? 냉장고에 넣어두고, 조금 더 간직하고 싶어서요. 곧바로 돌아올게요."

그 말을 마치고 아그네스는 의자에서 일어나, 케이크가 무슨 거룩한 성물이라도 되는 양 들고서 조심조심 걸어 나갔다. 즐겁고 신나는 파티를 열 생각이었던 다른 참석자들이 모두 어색한 침묵에 빠졌다. 사회자로서 무엇이라도 해야겠다는 생각을 한 캠폴로는 사람들에게 말했다.

"우리 잠깐 기도합시다. 아그네스를 위해서 제가 기도를 하면 어떨까요?"

캠폴로는 훗날 "새벽 3시 30분에 많은 창녀들이 모인 자리에서 기도 모임을 인도하는 것은 사실 쉽게 설명할 수 있는 상황이 아니었다. 다만 그 순간에는 그 일이 옳다고 느껴졌고 다른 아이디어가 없어서 그랬지만, 돌이켜보면 그 말은 하나님이 내 입에 넣어준 말이었다"고 고백했다. 결국 캠폴로는 아그네스의 삶을 위해, 또 그녀의 구원을 위해 기도를 하게 되었다.

기도를 끝냈을 때, 주방장이 카운터에 기대어 서서 삐딱한 목소리로 말을 건넸다.

"이봐요. 당신, 폼을 보니까 교회에 다니는 광신자 같은데, 왜 나한테 지금까지 그런 말을 안 했소? 당신이 다니는 교회는 무슨 교파요?"

그때 캠폴로 교수는 적절한 대답을 찾다가 이렇게 대답했다.

"저는 필요하다면 일부러라도 밤 비행기를 타고 태평양을 건너 새벽 3시 30분이라는 끔찍한 시간에 창녀들을 위해 생일 파티를 열어주는 교파에 속해 있습니다."

캠폴로는 자기 딴에도 그럴듯한 대답이었다고 생각하고 자신의 대답에 흐뭇해하면서 주방장의 반응을 기다렸다. 그러자 주방장이 조용히 있다가 코웃음을 치며 이렇게 말했다.

"말도 안 되는 소리 하지 마시오. 그런 교회는 없어요. 만약 그런 교회가 있다면 나부터 진작 그 교회에 다녔을걸. 정말 그런 교회가 있다면 나부터 그런 교회에 다니고 싶다고!"

인정해주는 응원

　우리 집안에는 아버지와 우리 형제, 이렇게 삼부자가 있는데 셋이 모두 성격이 무척 다르다. 그 차이를 형이 언젠가 시계의 세 바늘로 비유한 적이 있는데, 시계의 바늘 속에서 우리들의 모습을 볼 수 있다는 것이었다.

　먼저 초침은 아버지와 같다는 것이다. 언제나 빠르게 움직이는 것에 단연 으뜸가는 특성이 있으시기 때문이다. 분침이 한 바퀴를 도는 동안 초침은 60바퀴를 돌게 된다. 어디에서 그런 에너지와 체력이 나오는지 모르지만, 끊임없는 활동은 아버지의 삶의 방식이라고 할 수 있다. 초침처럼 째깍째깍 움직이시는 모습, 그것은 아버지를 정확하게 묘사해준다. 하지만 빠르면 빠를수록 초침은 남들이 못 따라가주면 답답함을 금할 길이 없다. 마찬가지로 아버지의 움직임 역시 억지로 다른 사람들을 움직이게끔 만드는 경우도 한두 번이 아니다. 그만큼 분침이나 시침이 잠시도 가만히 앉아 있도록 놔두질 않는 것이 초침의 특징이다. 초침은 그렇게 분침이 움직이도록 만들어서 분침이 돌면서 결국엔 시침도 아주 조금은 움직이도록 만든다.

그런가 하면 이와 같은 스팩트럼의 반대쪽에는 동생인 내가 있다고 형은 말한다. 형은 나에 대해서 항상 관조적이고 다소 불분명하게 보이지만 그 신중함 때문에 훨씬 더 정확하다고 말해준다. 아니, 때로는 아예 움직이지 않는 것처럼 보인다고 한다. 그러나 충분히 긴 시간 동안 관찰해보면 사려 깊게, 그리고 부드럽게 움직이고 있음을 알게 된다고 했다. 결국 초침이나 분침이 보는 관점에서는 답답하기 짝이 없지만 형식적인 것보다는 의미 있는 것을, 업무 차원을 뛰어넘는 관계를, 그리고 큰 모임보다는 작은 모임들을 좋아하는 것이 나의 모습이라고 형은 표현한다.

바로 그 사이에 형이 있는데, 그렇다고 자신이 '행복한 중간자'는 아니라고 말한다. 너무 빠른 초침도 아니고, 너무 느린 시침도 아니기 때문이다. 때로는 이것도 저것도 아닌 어중간한 사람처럼 느낄 때도 있고, 초침만큼 재빠르지도 않고 시침만큼 사려 깊지도 않다고 한다. 움직이기는 하지만, 초침이 좋아하는 만큼 그렇게 빨리 움직이지는 못하고, 그러면서도 시침에게는 좀 더 빨리 움직여야 될 것만 같은 압박을 조금씩 가하게 된다는 것이다. 결과적으로는 초침과 시침 둘 다 기쁘게 하려고 애는 쓰지만, 대체적으로 실패할 때가 더 많다나? 형은 그래서 움직이는 것도 좋아하지만, 심사숙고 하는 것도 좋아하는 편이다. 항상 움직이진 않지만, 항상 제자리에 머물러 있지도 않는다.

이 관찰을 통해 형이 깨닫게 된 몇 가지 사항들이 있는데, 형은 그 교훈들을 다음과 같이 정리해준다.

무엇보다 우리는 각각 독특하고 다르게 만들어졌으나 그 것은 경쟁을 위한 것이 아니라 상호보완적인 역할을 한다. 서로의 차이점은 갈등이나 오해, 분쟁을 가져올 수도 있다. 하지만 작동하는 시계의 움직임처럼 우리의 걸음이나 흥미, 그리고 삶의 방식은 다를지라도 중요한 것은 모두가 같은 방향을 향해 나아가고 있다는 점을 알려준다. 각각의 바늘들이 제각각 서로 다른 방향으로 돌아간다면 시계는 정상적으로 작동할 수 없는 것이다.

우리 삼부자는 시계의 초와 분과 시에 맞는 특성대로 작동하고 있고 그만큼 함께 움직이고, 함께 호흡하는 귀중한 존재가 될 수 있는 것이다. 서로의 다름을 인정해주고 각자의 역할을 보완해줄 때 초침은 시침을 기쁘게 하기 위해 느려지지 않게 되고 시침 역시 초침을 따라잡기 위해 부자연스럽게 행동하지 않을 수 있는 것이다.

형이 시계로부터 배운 두 번째 교훈은 내부에 있는 모터에 의해 세 개의 바늘이 돌아가고 있는 것처럼 우리 역시 중심은 함께 연결되어 있다는 것이다. 그만큼 각 바늘이 따로 놀지 않고 중심으로부터 잘 정렬되어야 한다는 뜻이기도 하다. 결국 차이는 있지만, 중심에 함께 연결되어 있다는 것은 하나는 다른 둘을 필요로 하며 하나는 다른 둘을 몰아가며 보조를 맞춘다는 뜻이다.

분침은 언제 움직여야 할지를 알기 위해 초침이 필요하고 이와 마찬가지 이유로 시침은 분침과 초침이 필요하다. 서로 완전히 독립적이지는 않지만 상호 독립적이라고 할까? 시계는 조화와 협력이 어떻게 그런 멋진 결과를 가져올 수 있는지

에 대해 관찰하기에 경이로운 물건이라고 형은 말한다. 우리
는 서로를 의지해야만 하고 결국 최고의 내가 되기 위해서는
서로가 절대적으로 필요한 것이다.

옆에 있어주는 응원

어머니는 약 2년 전 다발성 골수종multiple myeloma이라는 암으로 수술과 항암 치료, 그리고 방사선 치료를 받으시게 되었다. 다행히 어머님의 건강은 많이 회복되셨지만 예전보다는 활동량이 많이 줄어든 것은 물론이거니와 여전히 약을 복용하시며 정기적으로 의사의 진찰과 상담을 받으셔야만 된다.

모처럼 모국인 미국을 방문하셨을 때 아버님과 여행 중이시던 어머님은 허리에 심한 통증을 느끼시게 되면서부터 나머지 일정을 취소하고 로스앤젤레스 부근에 사는 누님 집에서 머무셨다. 그때 병원에서 검진을 받았는데 암이 이미 몸속에 많이 퍼져 있어 생명이 위태롭다는 사실을 발견했다. 그 이후에 어머님은 로스앤젤레스 가까이에 있는 암 센터에 입원하셨고 곧바로 수술과 항암 치료, 그리고 방사선 치료를 받게 되었다. 그때 곧바로 한국으로 돌아가 수술을 받으실 수도 있었으나 어머님의 건강이 위태로웠을 뿐 아니라 보험이 미국 회사를 통해 가입이 되어 있어 보험 혜택도 가능했기에 미국에서 받는 편이 낫다고 생각했다. 뿐만 아니라 의사 선생님들의 설명과 안내를 받는 일이 꽤 잦은 관계로 어머님은 모국어인 영어로 소통하시는 쪽이 뒤늦게 배운 한국어보다 훨씬 편하다고 하셨다. 그리고 누나의 가족이 로스앤젤레스 가까이에 살고 있었던 것도 미국에서 치료를 받으신 이유 중 하나다.

미국에서 치료를 받으시면서부터 어머님은 미국에 머무시는 기간이 한국에 머무시는 기간보다 더 많아지셨다. 예전 같았으면 어머니가 계신 집에 언제든 달려가서 찾아뵐 수 있었지만 이제는 멀리 태평양 건너에 계신 관계로 자주 찾아뵙지 못해 늘 죄송한 마음뿐이고 어머님을 항상 돌보는 누나에게도 고마움과 미안함이 가득하다. 마음이 굴뚝 같아도 아이들의 방학 기간을 이용해 잠깐씩 어머님을 찾아뵙는 것 외에는 어찌할 수 없는 상황이다.

그런 와중에 최근 '안식년'을 맞아 온 가족이 어머님과 함께 1년이라는 시간을 함께 지낼 수 있는 기회가 주어졌다. 그렇다고 미국에서 특별히 어머님을 위해 뭔가 해드릴 수 있는 것은 크게 없었다. 처음엔 대단한 각오라도 하고 어머님을 도와드리기 위해 온 것처럼 착각을 했었지만, 어느 순간부터 거꾸로 어머님의 돌봄과 사랑 속에 살고 있다는 것을 알게 되면서 무척 부끄러웠다.

특히나 예전에 감명 있게 읽은 황교진 씨의 『어머니는 소풍중』이라는 책을 통해 어머님을 향한 저자의 지극 정성에 도전을 받고 조금이라도 그 정성을 흉내 내고 싶은 마음이 간절했었다. 하지만 내가 할 수 있는 일이라고는 고작 아침마다 최대한 밝게 어머님을 대하는 일, 어머님을 모시고 동네를 산책하는 일, 식사를 마치면 설거지를 돕는 일, 말벗이 되어드리고 빨래와 설거지를 돕는 일, 밤이 되면 발을 주물러드리고, 일요일이 되면 교회에 모셔다드리고, 병원에 모셔다드리고, 책이나 성경을 함께 읽고, 음식이나 간식을 함께 나누며 따스한 차를 챙겨드리는 일 등 사소한 일밖에는 특별히 할 수 있는 일이 없었다.

그러나 그런 와중에도 예전에는 느끼지 못했던 사랑을 느낄 수 있게 되었고, 특별한 것을 해드리지는 못할지라도 그저 어머님 곁에서 어머님과 함께 있는 것 자체의 특별함 또는 소중함을 조금씩 맛보고 체험할 수 있게 되었다. 『사랑의 다섯 가지 언어』라는 책에서도 사랑을 표현하는 가장 대표적인 방법 중에 하나를 단순히 '함께 있어주는 것'이라고 표현한 기억을 되살려주는 계기였다고 할까?

그렇다. 사랑하는 사람을 위해 무엇인가를 거창하게 해줄 수 있는 일이 없을 때 우리는 일종의 무력감을 느끼기도 하지만 사실 가장 큰 선물 중 하나는 그저 사랑하는 사람 곁에 있어주는 것이 아닐까 싶다.

오랜 기간의 치료로 힘없이 병상에 누워계신 어머님을 위해 아무것도 할 수 있는 게 없다고 생각되던 그 순간은 질식할 것만 같았고, 한없이 답답했지만 그 과정을 통해 어머님을 사랑할 수 있는 최선의 방법이 그저 옆에 있어드리는 것이라는 사실을 깨닫게 되었다. 해드릴 수 있는 것이 아무것도 없어도 함께 있는 것 그 자체에 적지 않은 의미가 있기 때문이다.

얼마 전에 바로 이런 내용을 담은 헨리 나우웬Henri Nouwen, 1932~1996의 글을 접하게 되었는데, 나우웬은 '옆에 있어주는 것'의 가치를 누구 못지않게 잘 이해했던 사람이었고 자신의 생애를 그 일을 위해 헌신한 사람이었다고 할 수 있다. 적절한 번역본을 찾지 못한 까닭에 서툰 솜씨지만 직접 번역에 나섰다.

날이 가면 갈수록 내 안에 소용돌이치는 소망은 산책을 하면서 사람들과 인사를 하고, 저들이 사는 집을 방문하고, 때론 같이 공놀이나 물놀이를 즐기고, 저들에게 자신들과 삶을 나누고 싶어 하는 벗으로 인식되고 싶다는 것이다. 나에게 있는 시간을 누군가와 나누는 것처럼 특별한 일도 없다. 그러나 그 일이 그렇게 쉬운 일은 아니다. 끊임없이 꼭 필요한 사람이 되고 싶어 하는 욕구나 어떤 일의 중심이 되고 싶어 하는 나의 욕심이 결국 내 자신을 회의와 컨퍼런스, 또는 성경공부 모임이나 워크숍으로 몰아넣어 더 이상 길거리를 산책하는 것마저 불가능하게 만들어버리기 때문이다. 일에 쫓기면서 살지 않거나, 중요한 업무로 사람들을 분주하게 동원하지 않거나, 사회의 발전에 별다른 보탬이 되지 않는 사람이 된다는 것은 상상하기조차 하기 어려워졌다고 할까? 그러나 어쩌면 우리의 우선순위는 더 단순해

지는 것이 아닐까 싶다. 사람들의 이름을 기억하고, 저
들과 함께 먹고 마시며, 저들의 이야기를 들어주고, 나
의 이야기를 나누고. 내가 저들을 좋아하는 것을 넘어
서 저들을 진심으로 사랑한다는 것을 알리는 것처럼 말
이다.

(More and more the desire grows in me simply to walk
around, greet people, enter their homes, sit on their
doorsteps, play ball, throw water, and be known as some-
one who wants to live with them. It is a privilege to have
the time to practice this simple ministry of presence. Still,
it is not as simple as it seems. My own desire to be useful,
to do something significant, or to be part of some impres-
sive project is so strong that soon my time is taken up by
meetings, conferences, study groups, and workshops that
prevent me from walking the streets. It is difficult not to
have plans, not to organize people around an urgent
cause, and not to feel that you are working directly for
social progress. But I wonder more and more if the first
thing shouldn't be to know people by name, to eat and

drink with them, to listen to their stories and tell your
own, and to let them know that you do not simply like
them, but you truly love them.)

　나우웬의 말대로 우리의 삶이 좀 더 단순해질 때에야 비로
소 우리의 삶은 남에게 관심을 가질 수 있는 여유를 찾게 되
는 것이다. 그 여유를 무시하거나 잃어버린 채 계속해서 나만
의 세계에 갇혀서 산다면 우리는 언제나 '옆에 있어주는 것'
이 우리에게 주는 감격과 기쁨의 순간들을 놓치게 될 것이다.

작은 배려의 응원

몇 해 전 추운 겨울 아침에 개인적인 일로 동사무소를 들를 일이 있었다. 필요한 서류를 받은 뒤에 동사무소에서 나오는 길에 나는 뜻밖의 광경을 보게 되었고 그 순간 마치 감동적인 영화 한 편을 보는 것 이상의 진한 전율을 온몸에 느낄 수 있었다.

동사무소 바로 옆에 위치한 노인정에서 연세가 지긋하신 할아버지 두 분이 걸어 나오고 계셨는데 서로 팔짱을 낀 채로 나란히 걷는 모습이 특별히 내 눈에 띄었던 것이다. 자동차에 올라 탄 나는 시동을 건 뒤에도 한참 동안 두 분의 모습을 길 건너편에서 지켜보았다. 두 할아버지는 조심스럽게, 그리고 느린 걸음으로 걷고 계셨는데 조금 더 자세히 살펴보니 그중에 한 분은 시각장애인이었던 것이다. 정확한 배경은 알 수 없지만 한 분의 할아버지가 이웃 할아버지를 노인정에 안내해드리고 다시 댁으로 모셔다드리는 길이 아니었을까 싶다. 노인정 앞의 두 할아버지는 그날 나로 하여금 진정한 의미의 배려를 배우게 하셨다.

그런가 하면 두 할아버지의 이야기와 전혀 상반되는 이야기가 있다. 그것은 지금부터 정확히 50년 전 부산항 앞의 어느 작은 다방에서 있었던 일이다. 그 당시만 해도 국제결혼이 비교적 드물었던 관계로 어머니와 아버지의 결혼 소식을 접한 어느 신문기자가 취재를 하기 위해 인터뷰 요청을 했다. 그런데 기자가 먼저 다방에 들어가면서 문을 놓아버리는 바람에 뒤따라오던 어머니가 문에 부딪혀 머리에 혹이 생겼다고 한다. 결국 그 경험을 통해 어머니가 한국에서 배운 최초의 관습은 '한국 남자는 여자에게 문을 잡아주지 않는다'는 점이었다고 한다. 우리로서는 충분히 예상할 수 있는 일이지만, 서양 사람들에겐 가장 몰상식하고 예의 없는 모습 중 하나가 여자를 위해 문을 잡아주지 않는 것이라고 할 수 있다.

마음의 여유는 평소에 상대방을 위한 사려 깊은 배려를 낳게 하는 힘이 있는가 하면 여유 없는 마음은 철저하게 자기중심적이 되기 마련이어서 결국엔 상대방을 생각해주는 기회를 놓치게 되고 마는 것이다. 하지만 대부분의 경우 배려는 그렇게 대단한 것도 아니고 어려운 일도 아니라는 것을 알 수 있다. 예를 들자면 상대방을 위해 문을 열어주는 센스, 전화로 누군가의 안부를 묻는 배려, 새로 이사 온 이웃을 챙겨주는 센스, 어린아이를 위해 미소를 짓는 배려, 배우자나 자녀를 위한 사랑의 쪽지 등 이 모든 것들은 누구나 어렵지 않게 상대방을 위해 보내 줄 수 있는 작은 응원이 될 수 있는 것이다.

언젠가 하루는 우리 아이들에게 피아노를 가르치시는 선생님께서 아이들을 봐주겠다며 우리 내외가 외식을 하도록 건의한 적이 있었는데, 그 마음이 너무 귀하고 고마워 아직까지 쉽게 잊히지 않는다. 특히 외식을 자주 할 수 없는 어린 꼬마들의 엄마에게는 그러한 기회가 더욱 소중하게 느껴졌던 것 같다. 이렇듯 조금만 관심을 갖게 되면 우리 가까이에 있는 이웃을 작은 배려로 응원해줄 수 있는 기회는 얼마든지 많다.

안식년을 맞아 미국에서 1년 동안 머물 때 우리가 다니기 시작한 요바 린다 교회의 대니얼 화이트 목사님이 한국에서 온 것을 환영한다며 우리 아이들과 함께 서커스를 가자고 했다. 물론 우리 아이들은 서커스를 좋아하기 때문에 엉겁결에 '예스'라고 대답을 하고 남가주의 혼다센터^{Honda Center}에서 신바람 나게 서커스를 구경하게 되었다. 처음엔 그런 훈훈한 대접이 익숙지 않아 부담스럽기도 했지만 낯선 땅에 정착하면서 새로운 교회에 출석하게 된 우리 가족을 향한 화이트 목사님의 따스한 배려는 우리들 모두의 마음을 사로잡기에 충분했다. 더 놀라운 것은 목사님의 배려가 거기서 끝난 것이 아니라는 점이다. 목사님은 서커스가 끝난 뒤 복잡한 주차장에서 자동차를 간신히 찾고 출발하려고 하는 우리를 불러세우더니 자동차에서 웬 선물 꾸러미를 가져오셨는데, 우리 아이들 이름 하나 하나를 카드에 손수 적어서 예쁜 포장지와 함께 아이들이 좋아할 만한 선물과 과자를 건네주는 것이 아닌가! 우리는 그런 모습에 너무 놀라 어색한 표정만 한참 짓다가 결국엔 인사도 제대로 못한 채 헤어졌다.

어머님이 암으로 투병 중이실 때 정기적으로 마른 반찬을 만들어서 보내주시기 시작한 분이 있는데, 그분의 정성이 얼마나 대단한지 지금까지 자그마치 2년이 넘도록 어머님을 위해 반찬을 보내주시고 계신다. 그 고마움은 이루 말할 수 없다. 말이 2년이지 한 달이 멀다고 마른 반찬을 보내주시는 그 은혜를 어떻게 보답하랴. 어머님이 평소에 좋아하시는 반찬만 특별히 선별해서 그릇에 조심스럽게 담아 포장을 한 뒤 두꺼운 테이프가 칭칭 감긴 작은 소포를 한국에서 미국까지 빠른우편으로 부쳐주시거나 때로는 인편으로 보내시는 그 사랑의 손길이 천사의 손길이 아니라면 무엇이겠는가.

작은 배려는 누구나 어렵지 않게 할 수 있는 일이다. 조금만 생각하고, 조금만 노력하면 가능하기 때문이다.

기다려주는 응원

    흔히 우리는 기다리는 것을 수동적인 것이라고 생각하지만 사실 기다린다는 것은 능동적인 것이고 적극적인 것이다. 진정한 의미의 기다림은 무조건 시간이 지나가도록 하는 것만은 아니기 때문이다. 교도소에서 형을 살고 있는 아들이나 딸을 둔 부모를 생각해보라. 어디 기다리는 것이 수동적이겠는가. 질병을 앓고 있는 부모나 배우자를 위해 간절히 기도하는 자를 보라. 어디 기다리는 것이 쉽겠는가. 아기가 태어나기를 기다리는 산모를 보라. 어디 기다리는 것이 힘겹지 않겠는가. 다음 이야기는 자신의 임신 이야기를 글로 묘사한 어느 분의 체험담이다.

아기를 배 속에 열 달을 품으면서 많은 것을 경험하고 있다. 임신 초기에는 몸이 적응하느라 육체적으로 어려움을 겪었고, 이로 인해 잠시였지만 심적인 어려움도 겪었다(무력함, 우울증, 자신 없음). 하지만 다행히도 남편의 격려와 하나님의 도우심으로 짧게, 무사히 건널 수 있었다. 임신 중반을 넘기면서는 몸도 적응이 되고 아기의 움직임이 감지되면서 안정감을 찾게 되었고, 아기와 남모를 교감도 생겨서 초기의 힘들었던 기억은 잘 나지 않고 앞으로 만날 아기에 대한 기대감과 엄마로서의 성숙함을 위한 근신이 진행 중이다.

이 짧은 이야기를 통해 우리는 따스한 모정을 느끼게 된다. 하지만 그것이 전부가 아니다. 우리는 기다림을 배운다. 진정한 기다림을 알게 된다. 그렇다. 기다린다는 것은 언제나 막연히, 또는 말없이 기다리는 것만을 의미하지 않는다. 때로는 막연한 기다림도 포함되겠지만 그것이 전부는 아니다. 왜냐하면 우리는 기다리면서 기도할 수 있고, 격려할 수 있고, 찾아갈 수 있고, 도움의 손길을 건넬 수 있기 때문이다.

언제나 그렇듯이, 기다림은 능동적이지 수동적인 것이 아니다. 그렇게 우리는 서로를 기다려줌으로써 응원해주는 것이다. 응원의 통로가 되는 방법 중에 하나는 적극적으로 기다려주는 것이다.

뿐만 아니라 기다림은 다름을 다름으로 인정하는 것이다. 생각이 다르거나 문화가 다르다고 무시하지 않는다. 기다림은 외면하지 않는다. 그냥 내버려두는 것이 아니라 오히려 관심을 갖는 것이다. 방관하는 것은 기다려주는 것이 아니다. 진정한 기다림은 상대방이 마음에 안 들어도 기다려준다. 생각이 달라도 기다려주고 변화가 더뎌도 기다려준다. 이것이 응원이다.

얼마 전에 큰아이가 말썽을 일으켜 학교에서 연락이 왔다. 담임 선생님도 아닌 교장 선생님과 면담을 했으면 좋겠다는 것이다. 담임 선생님이 만나자는 것과 교장 선생님이 만나자는 것은 약간의 차이가 있는 법이다. 그것도 엄마나 아빠 한 사람만 면담을 했으면 좋겠다는 것이 아니라 엄마 아빠 모두 봤으면 좋겠다는 것 아닌가. 둘 중에 한 명만 오

라는 것이 아니라 부모 모두를 보자고 하는 것은 문제가 얼마나 심각한지를 여실히 드러내주고 있는 것이다.

결국 우리는 두말 않고 학교를 향해 부지런히 갔다. '얘가 도대체 무슨 일을 저질렀을까' 걱정하면서 학교로 가는 동안 내내 우리는 열심히 기도를 했다. 영문도 모른 채 교장 선생님의 호출을 받고 가는 것이 처음 있는 일인지라 얼마나 걱정이 되고 조마조마했는지 모른다. 알고 보니 큰아이가 같은 반 아이를 말로 상처 주고, 왕따시키는 것을 주도했다는 것이다. 이번에는 가볍게 처벌을 하지만, 앞으로는 엄격히 처벌할 것임을 경고했다.

그 일이 있은 후 두 주가 지났을까? 학교에서 또다시 연락이 왔다. 이번에도 또 다시 교장 선생님이 면담을 요청했다는 것이다. 그리고 부모 둘 다 봤으면 좋겠다는 말까지 비서는 조심스럽게 덧붙였다. 아뿔싸! 우리 아이가 이번에는 또 무슨 사고를 쳤을까? 그 생각밖에 나지 않았고, 걱정이 태산 같았다. 정학을 당하는 건 아닐까? 아니, 혹시 퇴학을 당한다면 어쩌나? 하는 두려움이 내 마음을 지배했다.

학교에 도착해보니, 이번에는 큰아이가 아니라 유치원에 다니는 막내 아이가 문제를 일으켰다는 것이다. 내막을 들어보니 막내는 자기보다 몸집이 두 배나 큰 아이를 자꾸만 괴롭히고 못살게 군다는 것이다. 이런 일이 반복되다 보니 다른 집 엄마가 학교를 여러 차례 찾아와 교실을 옮겨달라고 요청까지 해서 부득이하게 그렇게 할 수밖에 없었다는 것이다. 그리고 앞으로 그런 '피해자'가 더 생길 경우 학교 측에서는 막내를 엄격히 처벌할 수밖에 없다고 주의를 주었다.

쉽게 말하면 '가정교육' 좀 잘 시키라는 말이나 다름이 없었다. 어찌나 낯이 뜨거웠는지 모른다. 그것도 두 주가 멀다 하고 학교로 자꾸만 불려 다니는 신세가(그것도 교장실로) 얼마나 처량한지, 경험하지 못한 사람은 그 마음을 이해할 수 없을 것이다. 그래도 여자들은 더 긍정적이고 낙천적인가 보다. 집으로 돌아오는 길에 아이들 엄마는 "그래도 세 아이들 중에 둘만 불려갔으니 희망이 있지 않느냐?"며 어깨가 처질 대로 처져 있는 나를 위로했다.

하지만 그 행복은 결코 오래가지 않았다. 또다시 두 주 정도의 시간이 흐르자 학교에서 전화가 왔다. 분명히 큰아이, 또는 막내가 비슷한 사고를 친 것이 분명했다. 왜냐면 이번에도 부모 모두를 면담했으면 좋겠다는 요청이 왔기 때문이다. 우리는 또다시 마음을 조리며 학교를 찾아가 죄인의 심정으로 교무실 문을 노크했다. 이번에는 우리의 '희망'이었던 둘째 녀석이 사고를 쳤다는 것이다. 듣자하니 시험 시간에 창가

쪽을 보는 척하면서 반에서 가장 똑똑한 여자아이의 시험지를 훔쳐보는 부정행위를 했다는 것이다. 처음에는 선생님이 보고도 모른 척했지만, 부정행위가 반복되자 더 이상 덮어둘 수 없었다는 것이다. 그때 내가 느낀 기분은 그야말로 절망에 가까웠다.

그래도 어쩌랴. 기다려 주는 것, 이것은 부모의 도리가 아닌가 싶다. 아이들이 넘어지고 넘어져도, 스스로 일어설 수 있기를, 그리고 언젠가는 정신을 차릴 수 있기를 기다려주는 것이 부모의 몫이 아니겠는가 말이다.

기다림은 힘들고 고달프지만, 그래도 희망을 갖고 기다리자. 내일을 기다리자. 성숙한 인간관계의 절정은 기다림에 있다고 한다. 책을 읽을 때 중요한 것은 책 속에 있는 여백, 글과 글 사이에 있는 여백이라고 하듯이 사람들에겐 일종의 여백이 필요하다는 것을 기억하자. 크게 자라는 나무는 붙어 있지 않다고 하지 않는가? 그만큼 여유가 필요하다는 것을 보여주는 것이다. 물론 기다리는 것은 어렵다. 하지만 사랑하면 기다릴 수 있다. 우리의 부모님들도 그렇게 우리를 기다려주시지 않았던가. 기다림은 여백을 주는 사랑이다. 사랑은 기다림을 가능케 하는 것이다.

가끔씩 동물원엘 가자고 아이들은 노래하지만 그럴 때마다 우리는 핑계를 둘러대기에 바쁘다. 솔직히 동물원 나들이는 엄마나 아빠에게 적잖은 노동을 요구하기 때문이다. 이럴 때 바로 '몸 따로 마음 따로'라는 표현을 사용하는가 보다. 그럼에도 불구하고 아이들에게 지는 경우가 더 많은 이유는 왜일까? 어쨌든 결국엔 큰맘 먹고 모처럼 아이들 셋을 모시고 동물원에 가서 신나게 구경을 한다. 두어 시간쯤 구경하다 보면 아이들이 하나씩 힘이 빠져서 더 이상 못 걷겠다며 얼른 집에 가자고 재촉한다. 이럴 때 대부분의 부모들은 몹시 슬퍼하는 척한다. 돈이 아깝다는 둥, 구경을 반도 못했다는 둥, 다음에는 동물원 가자는 말을 다시 하지 말라는 둥, 어설픈 말들을 갖다 붙이지만 속으로는 마치 춤을 출 것처럼 기분이 날아가는 느낌이다.

아이들이 제법 어렸을 때의 일이다. 그날따라 평소에는 걷는 속도가 제법 빠른 막내가 저 멀리 뒤처지고 있었는데, 동생이 걱정이 되어서 그랬는지 뒤를 보며 언니가 큰 목소리로 불렀다. "예진아, 빠~알~리 와~" 그러자 동생 예진이가 몇 십 발짝 뒤에서 몸을 비틀면서 지치고 신경질적인 목소리로 대답했다. "나 지금 와구 있어."

예진이가 나머지 식구들이나 오빠보다 많이 뒤처져 있었던 것은 사실이지만 자기 딴엔 열심히 걷고 있는데 아무도 기다려주지 않고 먼저 훌쩍 앞서 가고 있으니 나머지 식구들이 마냥 원망스러웠던 것 같다. 그래서 결국 감정이 북받쳐 내뱉은 말이었다고 할까? 어쨌거나, 아직도 말이 많이 서툰 나이였기에 "지금 와구 있어~"라는 예진이의 우리말 솜씨는 마냥 우습기만 했다. 그래도 메시지는 분명히 전달되었다. 예진이는 자신의 걸음걸이가 거북처럼 느려터져도 최선을 다하고 있다는 것을 언니가 알아주기를 원했던 것 같다.

동물원에서의 그 작은 사건처럼 우리는 항상 남들이 나의 속도에 맞추어주길 바라고 기대하지, 상대방을 기다려주는 일에는 미흡한 것 같다. 결국 기다려주기는커녕 빨리 오라고 재촉하기에 바쁘지 않나 싶다.

물론 기다리는 일은 보통 어려운 일이 아니다. 때로는 정말 오랜 기간을 기다려야 되는 경우도 많기 때문에 인내에 인내가 요구되는 일이기도 하다. 하지만 사랑하면 기다린다. 기다리는 것을 가능케 하는 것은 바로 사랑이다. 사랑이 없으면 인내하긴 어려운 법이다. 젊은이가 인생의 반려자를 기다리는 것이나, 부모가 빗나간 자녀를 기다리는 것, 아기를 잉태한 엄마가 아기가 탄생할 그 순간을 기다리는 것처럼 말이다. 사랑하면 기다린다.

눈높이를 맞추는 응원

갓 태어난 아이가 제일 처음 어떤 시선과 마주치느냐가 그 아이에게 큰 영향을 준다고 한다. 어린아이가 눈을 처음 떴을 때 사랑의 미소나 눈길을 받은 아이와 그렇지 못한 아이는 그만큼 차이가 있다는 것이다. 평소 우리의 시선은 과연 어디를 향하고 있는지, 그리고 상대방의 눈높이를 어떻게 맞추어가며 살아가고 있는지 한 번쯤은 생각해볼 일이다.

요사이 우리 사회에 흔히 사용되는 용어 중 하나는 '눈높이'라는 개념이다. 그중에 하나가 바로 '눈높이 교육'으로 학생들의 수준에 맞게 교육의 틀을 맞춘다는 의미다. 또 다른 표현은 '맞춤형' 혹은 '맞춤식' 교육이라고 할 수 있다. 비슷

한 개념이지만, 역시 대상의 필요를 최대한 고려해서 최대의 효과를 거두겠다는 의미다. 그만큼 필요가 다양하고, 각각의 상황이 다르기 때문이다.

얼마 전에 우리 집에 여섯 분의 외국인 손님이 방문을 했다. 아침 시간에 찾아온 손님들을 대접하기 위해 아내는 정성을 다해 서구식으로 식사를 준비하느라 무척 애를 썼다. 아내가 식사를 준비하는 동안 손님들은 제각각 여러 주제에 대해 이야기를 나누었다. 그런데 그중 '빌'이라고 하는 사람은 한 시간 가까이 되는 그 시간에 우리 아이들과 함께 놀아주었다. 체구가 제법 큰 빌은 어린아이들이 앉는 노란 의자에 앉아서 이야기를 들려주기도 했고, 또 아이들의 이야기를 들어주기도 했다(서로 말이 잘 안 통해도 말이다). 다른 사람들은 식탁에 모두 앉아서 아침식사를 하고 있을 때도 빌은 아랑곳하지 않고 우리 아이들과 계속 놀아주었다.

식사를 마치고 손님들이 돌아가려고 하자 우리 아이들은 신발도 신지 않은 채 빌 아저씨가 떠나는 것을 아쉬워하며 엘리베이터 앞까지 뛰어나와 손을 흔들며 인사를 했다. 몇 분 뒤에 집에 들어와 보니 아이들은 빌을 위해 예쁜 카드를 만들고 있었다.

나는 잠시 멈추어 생각했다. 왜 그랬을까? 왜 여섯 명의 손님이 왔지만, 한 명에게만 카드를 만들어주겠다고 야단법석이었을까? 답은 간단했다. 빌이 아이들과 시선을 맞추어주었고, 상대방의 수준, 곧 어린아이의 수준으로 내려갔기 때문이다. 우리는 그 속에서 많은 교훈을 배울 수 있다.

아이들을 잘 가르치는 교사들의 특징도 마찬가지다. 아이들 눈높이에서, 아이들의 언어로 가르친다는 공통점을 저들은 가지고 있다. 특히 요즘은 미디어의 영향으로 보통 재미있지 않으면 아이들은 금방 싫증을 느끼고 지루해한다. 하지만 가르치는 재능이 탁월한 선생님들은 아이의 시선을 최대한 맞추어준다. 아이들의 언어로 표현하고, 아이들의 주의를 집중시킬 수 있는 노하우가 있는 것이다.

세상은 작은 관심으로 변화된다고 한다. 하지만 비단 세상뿐만 아니라, 한 사람의 삶도 마찬가지라고 할 수 있다. 그래서 어느 작가는 사람의 관심을 씨앗으로 비유한다. 관심은 씨앗과도 같아서 씨앗이 자라듯이 작은 관심만 있으면 이 작은 관심이 변화를 일으키면서 성장한다는 논리다. 물론 그 관심은 눈길을 주는 것에서 시작되는 것이다. 사랑이 많으면 관심도 많고, 사랑이 적으면 관심도 적고, 사랑이 없으면 관심도 없는 것이다. 그만큼 사랑과 관심은 서로 비례하는 것이다.

우리가 알고 있는 '관심'이라는 단어의 한자적 의미는 '볼 관關'자에 '마음 심心'자라고 한다. 관심은 상대방의 필요를 보고 거기에 마음이 가는 것, 혹은 마음을 주는 것이다. 그만큼 타인의 필요를 외면하지 않는 것이 관심이고, 거기에 적절하게 반응하는 것이 관심이다. 하지만 관심을 갖기 위해서는 먼저 눈을 뜨고 봐야 된다. 시선이 나에게 모이면 볼 수 없기 때문이다. 오히려 나의 시선이 밖을 향하고, 남을 향하는 것이 관심의 시작이기 때문에 관심을 갖고 상대방의 눈높이를 맞춘다는 것은 어쩌면 익숙한 내 삶의 방식에서 벗어나는 것을 의미할 수 있고 나의 초점을 바꾸는 셈인 것이다.

2층에서 내려오는 응원

옛날 영국에서는 귀족 제도로 인해 돈이 많은 부자들은 궁궐 같은 곳에서 생활했다. 그 전통은 지금까지 이어져 영국의 귀족들은 오늘날도 궁궐 같은 곳에서 생활을 즐기고 있다. 그중에서도 하인을 두고 생활하는 사람들이 있는데, 생활공간도 2층에서는 주인이 주로 생활하고 1층은 하인들이 생활한다. 물론 하인은 2층에 함부로 올라가지 못하기 때문에 주인이 부르거나 청소를 하기 위해 올라가는 경우를 제외하고는 마음대로 2층에 올라갈 수 없기 마련이다.

하지만 언제부터인가 이러한 전통들이 무시되고 주인이 1층에서 보내는 시간이 점점 많아지고 있다고 한다. 어느 날부터 주인이 자발적으로 2층에서 내려와 하인들의 생활 공간인 1층으로 내려온 것이다. 물론 처음에는 그 행동이 하인들을 불편하고 거북하게 만들기도 했지만 점진적으로 주인이 1층에서 보내는 시간이 많아지면서 하인들과 좀 더 가까워졌다고 한다. 머지않아 하인들과 함께 음식도 먹고 놀이도 하며, 꾸밈없는 대화를 나누는 일도 가능해진 것이다.

2층에서 1층으로 내려오는 것은 2층에 사는 나의 삶이 1층에 사는 너의 삶과 다르지 않다는 것을 확인시켜주는 행위다. 상대방의 삶이 결코 더 초라하지 않다는 것을 암시해주는 것이며 우리가 사는 세상은 동일하게 가치 있다는 무언의 표현이다. 그것은 2층에 사는 내가 더 특별한 존재라는 오해의 여지나 벽을 허물어주는 움직임인 셈이다. 하지만 그 움직임을 위해서는 내려가는 용기가 요구된다.

단순한 이야기이지만 우리는 그 속에서 적지 않은 진리를 발견하고 삶에 적용해볼 수 있다. 똑같은 상황이나 환경은 물론 아니겠지만, 나는 2층에 산다고 생각하고 남들은 나와 상관없는 1층 사람들이라고 생각하는 경우가 얼마나 많은가? 결국 우리는 말을 거는 대신에 침묵하게 되고, 관심을 갖는 대신에 팔짱을 끼게 되고, 가까이 가는 대신에 먼 거리에서 바라보며 시선을 돌리거나 등을 돌리는 경우도 적지 않다. 그만큼 우리가 2층에서 1층으로 내려간다는 것은 어쩌면 지금까지 나에게 익숙했던 삶의 패턴에서 벗어나는 것을 의미한다. 익숙한 것을 뒤로한 채 내려가는 것이다.

하나의 예로, 우리는 고위직에 있거나 이름이 잘 알려진 사람들이 보통 사람 사이에 있으면 놀랍다는 듯이 바라보곤 한다. 신문도 마찬가지 아니겠는가? 사회면에 얼굴이 실리고 싶다면 중산층이나 서민층보다는 상류층의 사람이 되어야 할 것이다. 물론 사람 나름이겠지만 어떤 형태로든 우리의 일상 속에서 '내려가는' 것은 어쩌면 생각만 해도 모욕적이라고 여겨질 수도 있는 일이다. 그만큼 내려가는 것은 쉽지 않은 선택이다. 그러나 사랑하면 내려갈 수 있다.

사랑하는 사람을 1층에 놔두고 나만 잘났다고 2층에서 나 몰라라 버티는 사람은 결국 손해 볼 사람이다. 하지만 불편함을 무릅쓰고 2층에서 1층으로 내려가는 사람, 그 사람이야말로 용기 있는 사람이 아니겠는가? 조금 불편해도, 조금 어색해도, 내려가보면 어떨까? 한꺼번에 1층으로 내려가는 것이 어렵다면 한 계단씩 내려가는 것은 어떨까? 내가 있는 삶의 자리에서 내려갈 때 이 세상에는 소망이 있다.

내려가는 것은 양보다. 내려가는 것은 관심이다. 내려가는 것은 사랑이다. 내려가는 것은 배려다. 내려가는 것은 희생이다. 내려가는 것은 응원이다. 불편하다는 이유 때문에 언제나 내가 있는 자리만 고집한다면, 우리는 남들이 있는 자리로 찾아가 응원을 해줄 수 없다.

간절한 기도의 응원

　일반적으로 우리는 기도를 단순히 나 자신만을 위한 종교적인 행위로 이해하는 경우가 있다. 하지만 기도는 그 이상의 것이다. 물론 나 자신을 위한 기도도 포함이 되겠지만, 또 다른 기도의 형태는 남을 위한 기도다. 그렇기 때문에 부모는 자녀를 위해, 그리고 자녀는 부모를 위해 기도할 수 있는 것이다. 어떤 형태의 기도든, 믿음의 기도는 누군가를 향한 응원의 통로가 될 수 있는 것이다.

　기도는 인간의 한계를 초월하는 절대자가 있고 인간의 능력 밖의 일들이 있음을 인정하는 사람에게서 발견할 수 있는 특징이라고 말할 수 있다. 하지만 대부분의 사람들은 신앙의 유무나 연령, 성별, 또는 국적과 상관없이 간절한 필요 앞에 엎드려 기도한다.

사람들이 기도하는 이유는 무엇보다 기도에 따른 결과가 있을 것을 믿기 때문이다. 때로는 기도가 하루 이틀 사이에 응답되는 경우도 있는가 하면 똑같은 기도 제목을 평생 간직하는 사람도 있기 마련이다. 기도는 궁극적으로 나 자신을 위한 기도가 있는가 하면 상대방의 필요를 위한 기도가 있다. 내가 이해할 수 없거나 스스로의 힘으로 해결할 수 없는 일이 기적적으로 이루어지는 것을 경험해본 사람들 중에는 누군가의 기도가 있었음을 고백하는 사람들이 적지 않다.

우리는 기도로 누군가를 응원할 수 있다. 국방의 의무로 나라의 부름을 받은 자식을 둔 부모는 밤낮으로 그 아들을 위해 기도한다. 몸이 허약한 어린 자녀들을 둔 부모 역시 두 손 모아 간절하게 기도한다. 병석에 누워 신음하는 배우자를 위해서도 우리는 간절히 기도하며, 일터에서 '밀려난' 동료를 위해 눈물로 기도한다.

기도는 믿음의 표현이다. 나의 기도를 통해 상대방의 아픔이 사라지기를, 환경이 나아지기를, 슬픔이 기쁨이 되기를, 그리고 절망이 소망으로 변하기를 기대하는 마음에서 간절히 기도하는 것이다. 그와 같은 기도는 그 어느 것보다 효력이 있는 응원이 되어준다는 것을 잊어서는 안 된다. 지금 이 순간에도 나의 기도를 필요로 하는 사람이 있다는 것을 잊지 말자. 기도는 곧 응원이다.

이름을 불러주는 응원

어릴 적 동네 친구들이 집 앞에서 목청이 터지도록 "요한아, 노~올~자!"하며 소리치던 기억이 여전히 생생하다. 특히나 종호와 호윤이, 그리고 영훈이라는 세 친구가 가장 많이 나를 찾아주었던 것 같다. 때로는 다섯 번도 부르고, 열 번도 부르고, 우리 집 대문 앞에서 그렇게 나를 기다려준 친구들이다. 물론 내가 그 친구들 집 앞에 가서 같이 놀자고 저들을 부른 것도 한두 번이 아니다. 이름을 불러주는 일은 대수롭지 않은 것 같아도 친구가 나를 불러주는 소리는 그렇게 반가울 수 없다.

우리가 누군가의 이름을 불러줄 때 그 자체만으로도 우리는 적지 않은 행복을 맛볼 수 있다. 특히 친구가 우리를 불러주는 음성은 그만큼 우리를 흥분하게 만들고 기대하게 만든다. 우리에게 주어진 이름은 그냥 있는 것이 아니다. 아무 이유 없이 주어진 이름들이 아니다. 우리에게 주어진 이름은 불리기 위해서 있는 것이다. 그러니 마음껏 부르자. 친구의 이름을 부르자.

어릴 적 친구들이 우리 집 대문 밖에 서서 나를 불러준 것은 내가 집에 있을 것이라는 기대감에서 부른 것이다. 그 소리를 듣고 내가 나올 것이라는 믿음 때문에 반복해서 내 이름을 외칠 수 있었던 것이다. 하지만 그렇게 이름을 부르기 전에는 우리 집 앞마당까지 찾아오는 친구들의 수고가 있었다. 그러고는 불러주는 수고를 아끼지 않았고, 나올 때까지(때로는 나오지 않더라도) 기다리고 기다렸다.

친구가 우리를 불러주는 것은 같이 놀자는 뜻이나 다름이 없다. 하지만 나이가 들어갈수록 놀아주는 사람들이 늘어나는 사람이 있는가 하면, 그 수가 점점 줄어드는 사람도 있다. 그 이유는 무엇일까? 그것은 우리를 불러주는 친구가 있으려면, 내가 이름을 부르는 친구도 있어야 하는 법이기 때문이다. 내가 불러주는 친구 없이 나를 불러주는 친구가 있기를 기대하는 것은 착각이자 어리석음이다. 나의 이름을 불러주고 나와 같이 놀아주기를 원하는가? 그렇다면 친구의 이름을 크게 불러보자.

어른들도 어린아이들 못지않게 자신의 이름을 불러줄 상대가 필요하다. 가뜩이나 힘겨운 세상살이에서 내 이름을 불러줄 상대가 없다는 것은 그야말로 불행한 일이 아닐 수 없다. 나의 이름을 불러주는 친구가 있고, 내가 이름을 부를 수 있는 친구가 있다면 나는 가장 행복한 사람이다. 그런 의미에서 옛적 인계동의 불알친구들, 종호나 호윤이나 영훈이는 나를 가장 많이 응원해준 친구들이었음이 틀림없다. 내 이름을 불러주는 것 그 자체만으로도 사실은 적지 않은 응원이 되기 때문이다.

생텍쥐페리 Antoine De Saint Exupery, 1900~1944가 쓴 『어린 왕자』에 보면 마침내 어린 왕자가 지구라는 별에 도착했을 때 그는 이렇게 중얼거린다. "나는 외로워." 그러자 메아리가 번져간다. "나는 외로워, 나는 외로워, 나는 외로워……." 그렇게 "나는 외로워" 하는 메아리 속에는 이 땅에서 살아가는 우리들의 삶의 모습이 담겨 있다. 모두가 외로운 삶, 어린 왕자가 지구라는 별에서 느낀 감정은 오늘의 현주소를 그린 것이다.

친구의 이름을 부를 때, 그리고 친구가 나의 이름을 불러줄 때 우리는 더 이상 외롭지 않을 수 있다. "나는 외로워"의 메아리가 우리 가운데 지속되지 않고 그칠 수 있도록 서로의 이름을 불러주자. 그것은 분명히 나의 삶에, 그리고 내가 사랑하는 누군가의 삶에 커다란 응원의 통로가 될 것이다.

교육을 선물하는 응원

　아버지는 6·25전쟁 당시 열다섯 살 나이에 '하우스보이'로 미군들을 돕는 일을 하셨다. 미군들을 위해 땔감을 가져오고, 불을 지피고, 설거지를 돕고, 빨래를 돕고, 텐트를 청소하는 일을 하는 대가로 영어도 배우고 껌이나 초콜릿, 또는 담배나 통조림 같은 물건들을 받아 양키 시장에서 판매했던 것이다.

　그러던 와중에 아버지는 버지니아 주에서 온 칼 파워스 상사를 만나게 되면서 운명이 바뀌기 시작했다. 미국에 유학을 가지 않겠느냐는 파워스 상사의 제안에 처음에는 겁부터 먹었지만, 파워스 상사의 끊임없는 설득 앞에 아버지는 할머니의 승락을 받아 9년 동안 이어질 유학길에 오르게 되었다.

놀라운 사실은 파워스 상사는 9년 내내 아버지의 교육비를 책임지고 대학원 교육비까지 후원해주었다. 하지만 더 놀라운 사실은 파워스 상사나 그의 가족이 부유했던 것이 아니라는 점이다. 파워스는 가난한 탄광촌의 아들로 태어나 형편 때문에 대학에 가고자 하는 꿈을 접고 군에 입대하게 되었다. 그런 와중에 파워스는 한국에서 부지런히 일을 돕는 하우스보이의 모습에 기회를 주고 싶은 마음이 들었던 것이다. 두 사람의 사이는 날이 갈수록 두터워졌고 파워스 상사는 아버지에게 '빌리'라는 영어 이름을 지어줬다.

나중에 들은 이야기이지만 파워스 상사는 그 당시 전쟁으로 폐허가 된 나라의 청년들을 모두 도울 능력은 없어도 자신이 최선을 다한다면 한 명은 도울 수 있겠다는 생각을 하고 이를 실천했다고 한다.

아버지를 어렵게 미국 학교에 등록시킨 파워스 상사는 자신의 학업은 포기한 채 아버지의 학비를 벌기 위해 동시에 두 가지 일을 병행할 정도로 눈코 뜰 새 없이 바쁘게 생활한 생명의 은인이라고 할 수 있다. 사실상 아무런 관계도 없는 한 명의 청년을 위해 자신의 모든 것을 희생한 것이나 다름이 없었다.

9년의 유학 생활을 뒤로하고 아버지가 한국에 귀국해 시작한 첫 번째 일 중에 하나는 학교를 가고 싶어도 도저히 형편이 안 되는 학생들을 위한 학교를 설립하고 운영하는 일이었다. 파워스 상사에게 개인적으로 진 빚을 조금이라도 갚기 위한 일종의 몸부림이었다고 할까?

공부를 마친 뒤 파워스 상사를 찾아가 인사를 건네며 어떻게 자신이 지난 9년 동안 진 빚을 갚을 수 있겠느냐고 묻자 파워스 상사는 단 한마디 말을 했다고 한다. 한국에 돌아가 어려운 이들을 도와주기 위해 최선을 다하는 것이 곧 빚을 갚는 것이라고 한 것이다.

고맙게도 우리 주변에는 젊은이들이 공부할 수 있도록 재산을 기부하거나 그 밖의 방법으로 돕는 사람들이 점점 늘고 있다. 이처럼 기부 문화가 우리 사회에서 더욱 활성화되고 정착되는 것처럼 반가운 소식도 없다. 중요한 것은 얼마나 많은 지원을 해줄 수 있느냐가 아니라 얼마나 지속적으로 관심을 갖느냐이다. 또한 여러 명을 도와야 된다는 부담감보다는 내가 도울 수 있는 단 한 사람이라도 돕겠다는 마음가짐과, 혼자서 돕겠다는 사고방식보다는 여럿이 뜻을 모아 십시일반으로 도움을 주는 모습이 중요하다.

죽음을 통한 응원

　종이 한 장을 꺼내 생년월일을 기록해보자. 우리는 누구나 이 세상에 태어난 날이 있기 마련이다. 하지만 그 다음에 또 다른 빈 칸을 같은 간격으로 만들어보자. 그날은 정해져 있지도 않고, 특별한 순서도 없지만 언젠가는 우리 모두가 통과해야만 하는 죽음의 날이다. 정확한 날짜는 몰라도 언젠가 그날이 우리에게도 임한다는 것을 우리는 알고 있다. 그래서 사람이 한 번 태어나서 죽을 확률은 99퍼센트도, 99.9퍼센트도 아니다. 이 땅에 태어난 사람이라면 언젠가는 예외 없이 모두 죽게 될 것이다.

　우리가 태어난 날, 그리고 죽게 될 날, 그 두 날짜만큼은 어떻게 컨트롤할 방법이 없는 것이 우리의 실상이다. 요즘은 인터넷을 통해 자신의 식생활, 생활 습관, 연령, 성별 등을 기재하면 언제까지 살게 될지 어림잡아 예측하는 시스템도 등장했다. 하지만 정확한 때, 정확한 시간은 아무도 알 수 없는 법이다.

우리의 삶이 존귀한 선물이 될 수 있듯이, 우리의 죽음 역시 헛되지 않은 값진 선물이 될 수 있고, 응원의 통로가 될 수도 있다.

죽음에 대한 이야기는 그만큼 민감한 부분이기도 하고, 기분 나쁘다는 이유로 대부분의 경우 좀처럼 언급하려 들지 않는다. 특별히 죽음이 생명의 끝이라고만 받아들인다면, 삶은 허무하기 짝이 없는 것이 사실이다. 하지만 과연 죽음이 끝일까? 끝이 아닐 수는 없는 걸까?

헨리 나우웬 같은 작가는 죽음을 인간의 '가장 큰 선물'이라고 표현한다. 그의 말을 통해서 볼 때 어쩌면 우리는 죽음을 너무 단순하게 생각하거나 부정적으로 여기는 습관 때문에 죽음에 대해 새롭게 바라보는 기회를 놓치고 있는지도 모른다.

과연 죽음이 헨리 나우웬의 말대로 '선물'이 될 수 있을까? 최근에 나는 그의 생각에 동의할 수밖에 없는 경험을 하게 되었다.

우리 가족이 가깝게 지내온 어느 외국인 가정이 몇 해 전에 중국으로 발령을 받게 되었다. 그들은 한국에서 몇 년간 살아본 경험이 있어서였는지 중국에서도 잘 적응하며 열심히 생활을 하고 있었다. 그런데 뜻밖에도 우리는 어처구니없는 소식을 접하게 되었다.

2009년 3월 말에 그 가족이 모처럼 휴가를 받아 중국 하남으로 여행을 갔다가 제트스키를 타고 있었던 열일곱 살 난 아들이 사고로 현장에서 죽었다는 것이다. 제트스키를 타다 넘어져 물에 빠져 있는 아들을 빠른 속도로 뒤따라오던 친구가 미처 보지 못해서 제트스키 동체에 부딪혔다는 것이다. 그 소식은 우리에게 적잖은 충격이었고, 그 가정의 슬픔은 상상조차 하기 어려웠기에 뭐라고 위로할 길이 없었다.

그런데 더욱 놀라운 것은 사고가 있은 뒤 약 한 달가량이 지나서 받은 메일이었다. 그 엄마가 친지와 친구들에게 보낸 메일이었는데 많은 사람들의 위로와 격려에 대한 감사를 적은 메일이었다. 그 메일이 놀라웠던 것은 메일의 마지막 내용 때문이었다. 아들의 최근 사진과 장례식 순서를 첨부 파일로 보내주면서, 메일의 마지막 부분에는 혹시 위로금을 보내고 싶을 경우 어느 학교 앞으로 보내달라는 부탁과 함께 그 학교 의 이름과 주소가 적혀 있었다. 처음엔 무슨 말인지 몰라 메일을 좀 더 자세히 살펴봤더니 아들이 중국에서 학교를 다니 다 죽었으니, 그 사실을 겸손히 받아들이면서 아들의 이름으로 자신들보다 환경이 열악한 중국 모 고등학교에 체육관을 설립하는 것이 가족의 뜻이라는 것이다.

인간적인 기준에서 그 사고를 바라본다면 누구나 충분히 하나님을 원망하거나, 중국에서의 생활을 비관하고도 남을 만한데 오히려 자신들의 슬픔을 나눔의 기회로, 아들의 죽음을 축복의 통로로 보는 저들의 바다 같은 마음을 통해 부끄러움을 느끼면서 적지 않은 도전을 받게 되었다.

그렇다. 우리의 죽음은 허무하게 끝나는 것이 아니라, 오히려 다른 사람을 응원해줄 수 있는 통로가 될 수도 있다. 아들의 죽음을 하늘의 장난으로 보는 것이 아니라 그 죽음을 통해 중국의 허다한 젊은이들이 열심히 배우고 뛰놀 수 있는 환경과 기회를 제공해주는 성숙함은 아름다움 자체다.

한 개인이 보다 많은 무리를 위해 자신의 생명을 기꺼이 희생하는 사건들을 역사에서 살펴보면 결국 한 사람의 희생이나 죽음이 머지않아 한 사회 또는 국가의 운명을 바꾸는 경우가 많다는 것을 알 수 있다. 마틴 루서 킹^{Martin Luther King,} ^{1929~1968} 목사의 희생적인 죽음은 흑인의 운명과 미래를 영원히 바꾸게 된 초석이 되어 결국 오늘날 미국 최초의 흑인 대통령을 낳게 된 것이 아닌가.

그런 의미에서 우리가 죽음을 어떠한 시각으로 바라보느냐에 따라 죽음은 한 생명의 끝이 아닌, 새로운 시작이 될 수도 있다는 생각을 해본다. 우리의 삶이 존귀한 선물이 될 수 있듯이 우리의 죽음 역시 헛되지 않은 값진 선물이 될 수 있고, 응원의 도구가 될 수 있다.

멈춤을 주는 응원

현대인들이 멈춘다는 것은 쉽지 않은 일이다. 하지만 '힘은 멈춤에서 나온다'는 원리는 누구나 알고 있다.

멈춤은 지금까지 온 길을 돌아볼 수 있는 기회를 제공해준다. 어떻게 보면 멈춤은 한 발짝 물러서는 것이기 때문에 운동 경기의 하프 타임half time과도 같다. 우리 인생의 경주 속에서도 하프 타임은 절대적으로 필요하다. 그 멈춤을 통해 새로운 전략을 세우기도 하지만, 멈춤은 우리에게 다시 일어설 수 있는 힘을 제공해주며 삶의 우선순위를 확인할 수 있는 기회를 제공해준다.

이시형 박사의 『내 안에는 해피니스 폴더가 있다』에는 멈춤의 힘에 대한 글이 다음과 같이 소개되고 있다.

> 힘은 멈춤에서 나옵니다. 심호흡을 할 때의 호기와 흡
> 기 사이에도 얼마간의 멈춤이 있을 때 힘이 생깁니다.
> 뭔가 힘을 들여야 할 때도 우리는 호흡을 멈춥니다. 음
> 악도 쉼이 있어야 그 여운을 즐길 수 있습니다. 춤도 정
> 지의 순간이 없으면 춤이 성립되지 않습니다. 우리 삶
> 에도 잠시의 멈춤이 힘을 만들어줍니다. 일상으로부터
> 의 멈춤, 달리는 것보다 더 필요한 생활의 힘입니다.

누구나 이와 같은 멈춤의 원리나 유익에 대해서는 알고 있
을지라도, 그것을 누군가에게 선물해주는 것은 전혀 다른 일
이다. 물론 멈춤이란 누군가에게 강제로 강요할 수 있는 것은
결코 아니다. 하지만 상대방이 잠시라도 멈출 수 있도록 기회
를 제공해주는 통로 역할을 하는 것은 누구나 할 수 있는 일
이다.

나에게는 일상 속에서 삶을 잠시 돌아보고 멈출 수 있게
해주는 여러 요소들이 있다. 첫째로 나에게 묵상집을 정기적
으로 제공해주는 교회의 가족들은 하나님의 말씀 앞에서 멈

출 수 있는 기회를 제공해준다. 또한 나에게 끼니를 제공해주는 아내는 식탁 앞에 멈추어 가정의 소중함과 음식의 근원이신 하나님을 기억하도록 도와준다. 때론 고통을, 때론 행복을 제공해주는 자녀들은 나로 하여금 멈추어서 아버지의 역할을 돌아볼 수 있는 시간을 준다. 그리고 글쓰기에 대한 매력과 끌림은 나로 하여금 멈추어서 생각을 가다듬고 창조적인 표현을 할 수 있는 기회를 안겨준다.

'안식년'을 맞아 미국에서 지내는 동안, 지금껏 어머님과 가질 수 없는 특별한 추억을 만들 수 있게 된 것도 '안식년'이라는 멈춤의 기회를 교회가 나에게 선물해주었기 때문에 가능한 일이었다. 이처럼 우리에게 있어 정기적인 멈춤이란 우리의 몸과 마음을 재충전할 수 있는 기회는 물론이거니와 관계를 새롭게 하고, 다시 앞으로 전진해나갈 수 있는 힘을 부여해주는 원동력이다.

마찬가지로 나도 누군가에게 반드시 필요한 멈춤을 선물해줄 수 있다면 그것은 가장 큰 응원이 될 수 있는 것이다.

멈춤에 대해《고도원의 아침편지》에서는 이렇게 말한다.

사람은 대체로 멈추는 것을 두려워합니다. 끊기는 것 같고, 뒤쳐지는 것 같고, 늦어지는 것 같습니다. 사실은 정반대인데도 그렇게 생각하고 살아갑니다. 자동차도 기름이 완전히 떨어지거나 고장이 나면 강제로 멈춰섭니다. 사람도 큰 병이 나면 영원히 멈춰섭니다. 힘이 남아 있을 때 멈추어야, 더 큰 힘으로 다시 일어설 수 있습니다.

그렇다. 평소에는 우리에게 그리 대단하게 여겨지지 않을 수 있지만 사실은 더 큰 힘을 제공해주는 비밀이 바로 멈춤에 있다. 성경에서 말하는 '안식일'의 원리 역시 인간에게 필요한 멈춤에 기초한 것이다. 멈추어 설 때 우리는 비로소 위를 볼 수 있고, 우리 주변을 살필 수 있고, 내면을 살필 수 있다.

지금은 쉴 때　　　　　　　　　　　　저자 미상

방글방글 웃고 있는 아기를 보고도 마음이 밝아지지 않는다면 지금은 쉴 때입니다.
식구들 얼굴을 마주 보고도 살짝 웃어주지 못한다면 지

금은 쉴 때입니다.

아침에 눈을 떴을 때 창문을 비추는 아침 햇살이 눈부시게 느껴지지 않는다면 지금은 쉴 때입니다.

사랑하는 사람의 하루가 궁금하지 않고 전화도 기다려지지 않는다면 지금은 쉴 때입니다.

오랜만에 걸려온 친구의 전화를 받고 '바쁘다'는 말만하고 끊었다면, 지금은 쉴 때입니다.

아름다운 음악을 들으면서도 소리만 들릴 뿐 마음에 감동이 흐르지 않는다면 지금은 쉴 때입니다.

슬픈 영화를 봐도 눈물이 나오지 않고 슬픈 연속극을 보면서도 극본에 의한 것이라는 생각이 든다면, 지금은 쉴 때입니다.

오래된 사진첩을 넘기다가 반가운 얼굴을 발견하고도 궁금하지 않다면 지금은 쉴 때입니다.

친구가 보낸 편지를 받고 그것을 끝까지 읽지 않거나 답장을 하지 않는다면 지금은 쉴 때입니다.

사랑하는 사람과 헤어진 뒤 멀어지는 뒷모습을 보기 위해 한 번 더 뒤돌아보지 않는다면 지금은 쉴 때입니다.

아침과 저녁이 같고, 맑은 날과 비 오는 날이 같고, 산이나 바다에서 똑같은 느낌을 받는다면 지금은 쉴 때입니다.

당신은 그동안 참 많은 일을 했습니다. 그러나 가장 중요한 일 한 가지를 하지 않았습니다. 그것은 쉬는 일입니다.

기초를 제공하는 응원

최근에 나는 수채화에 관한 강의를 들을 기회가 있었다. 미술 과목을 수강하는 것은 초등학교 이후로 처음이었던 같다. 강의를 듣는데 학생들이 붓을 들기에 앞서 가장 먼저 가르쳐준 것은 색상의 원리였다. 색상의 원리가 없이는 그림다운 그림을 성공적으로 그릴 수 없기 때문이다.

삶의 어느 영역에서든 기초처럼 중요한 것도 없다. 첫 단추가 중요한 이유도 바로 여기에 있다. 물론 기초에 대해서 아무리 강조한들 듣지 않는 사람도 분명히 있겠지만 결국엔 기초를 무시하면 언젠가는 막중한 손해를 보기 마련이다. 전세계적으로 베스트셀러가 된 『마지막 강의』의 저자 랜디 포시 Randy Pausch, 1960~는 "학생들이 손해를 보면서도 기초를 배우는 과정을 거부하는 모습을 거듭 보아왔다"고 한다. 문제는 기초를 익히지 않을 때 진정으로 가치 있는 일은 해낼 수 없다는 것이다. 그것은 마치 중요한 물건의 제품 사용 설명서를 제대로 읽지 않고 부품을 제멋대로 끼워 맞추는 어리석은 행위나 다름이 없는 일이다. 튼튼하고 안전한 집을 짓는 것도 시간이 걸리듯이, 어떤 경우든 기초가 탄탄하려면 시간이 걸리기 마련이다.

아들 녀석이 처음으로 테니스 레슨을 받을 때의 일이다. 개인 레슨은 제법 비싸지만 그룹으로 레슨을 받으면 가격이 저렴한 편이라 일고여덟 명의 아이들과 함께 레슨을 받게 되었는데, 대부분의 아이들은 초등학교 2~3학년이었다. 물론 일주일에 한 번만 있는 레슨이기 때문에 처음에는 아이들의 실력이 좀처럼 늘지 않는 것 같아 보인다. 그렇지만 코치가 부모가 와서 연습을 구경하는 것을 귀찮아하지 않았기 때문에 그 기회를 이용해 나도 어깨너머로 배우고자 여러 번 가르치는 것을 관찰하기도 했다. 아들 녀석과 함께 레슨을 받는 아이들 중에 레슨을 받으면서 특히 말을 많이 하는 여자아이가 한 명 있었는데 레슨을 시작한 지 이틀째 되는 날부터 코치에게 큰 소리로 질문을 했다.

"우리 이런 것 그만하고 진짜로 테니스 치면 안 돼요?"

서빙 레슨은 아직 시작도 안 했기 때문에 테니스공을 반대편 코트에 성공적으로 보내지도 못하는 3학년 여자아이가 이제 지겹고 시시한 연습은 집어치우고 이왕이면 곧바로 게임에 들어가자고 말을 하는 것이었다. 누가 봐도 어이가 없는 상황이었지만, 코치는 매우 지혜롭고 인내심이 많은 분이었기에 여자아이에게 가까이 가서 부드럽게 말을 건넸다.

"서빙을 할 준비가 되었을 때, 그때부터 진짜 게임을 할 수 있단다. 하지만 그렇게 하려면 기초부터 배워야 되고, 지금 우리가 하는 것은 진짜 게임을 하기 위한 준비 과정이란다. 그래서 연습이 중요하거든. 내가 보기엔 네가 만일 매일같이 연습만 한다면 앞으로 2주 정도면 진짜 게임도 할 수 있을 것 같구나."

우리는 앞에서 말한 3학년 여자아이처럼 기초에는 관심이 크게 없을 때가 많다. 연습은 아예 건너뛰고 게임으로 들어가길 원하고 이왕이면 이론 따위는 집어치우고 곧바로 실습으로 들어가길 희망하는 것이다. 하지만 삶의 모든 영역에서 기초를 건너뛰는 것은 일종의 자살 행위나 마찬가지이다. 물론 여자아이의 심정은 누구나 이해할 수 있다. 기초를 다듬는 연습은 재미가 없고 쉽게 실증이 난다. 시간이 걸리는 것이 싫고, 기다리는 것이 싫고, 과정이 싫은 것이다. 무조건 게임이 하고 싶은 것이다. 하지만 기초를 무시하거나 과정을 건너뛰는 '게임'이란 결코 존재하지 않는 법이다. 아니 적어도, 기본적인 연습이나 아무런 기초 과정도 없이 '게임'을 할 경우 게임에 성공할 확률은 결코 높지 않다.

가정에서 부모의 역할 역시 궁극적으로 자녀들에게 기초를 익히게 하는 기회를 제공하는 것이 아닐까 싶다. 때로는 그 과정이 멀고 험하게 느껴질 때도 있는 것이 사실이고 아예 건너뛰고 싶은 것도 사실이지만, 결국에는 기초가 자녀들의 성공의 여부와 미래를 결정짓는 가장 핵심적인 요소가 된다. 성경의 「잠언」서는 유대교의 랍비들이 '지혜서 wisdom literature' 라고 구분을 하는데, 그 구절 중 "자녀들이 마땅히 가야 할 길로 가르치면"이란 내용이 있다. 이 구절 역시 기초가 확실하면 나이가 들어서도 그 기초를 잊지 않고 삶에 적용할 수 있게 된다는 것이다.

가정에서는 가정교육이 일종의 '기초'가 될 수 있겠지만 삶의 모든 영역은 기초가 요구되어진다. 운전면허를 받으려면 운전면허 시험을 봐야 하고, 운전면허 시험을 보기 위해서는 미리 필기시험 또는 실기 시험을 위한 준비 과정이 있듯이 말이다. 나는 우리 아이들에게 두발자전거를 타는 법을 가르쳐주었는데 그때 그 순간은 높은 산을 오르는 것처럼 힘들고 험하게 느껴졌지만 그래도 지금 아이들이 아무런 어려움 없이 자전거를 타는 모습을 보며 미소를 머금고 즐거워할 수 있는 이유는 기초를 알고 있다는 확신이 있기 때문이다. 그것이 어떤 일이든 기초를 잘 익히면, 그것은 우리의 삶을 탄탄하고 풍요롭게 만들어주기 마련이다.

자녀들에게 반드시 필요한 기초를 부모가 공급해주듯이, 우리 주위에 다양한 규모와 형태의 필요들을 위한 기초를 공급해줄 수 있는 방법은 무엇이 있을까? 우리가 갖고 있는 지식, 기술이나 경험, 그리고 인생의 노하우를 후배들에게 선물해줄 수 있는 통로를 적극적으로 찾아본다면 결국엔 나 하나로 인해 누군가의 삶, 더 나아가 우리 사회가 그만큼 더 풍성해질 수 있지 않을까?

염려를 날려주는 응원

염려는 우리가 바꿀 수 없는 것에 집중하게 하기 때문에 지극히 소모적이다. 결국엔 시간을 낭비하게 되고, 에너지를 빼앗기게 된다. 심지어는 하루 종일 염려를 머리에서 떨쳐버리지 못하는 경우도 얼마나 많은가? 그런 의미에서 염려는 삶을 파괴하는 부정적인 상상력으로 부정적인 결과를 상상하는 것이다. 하지만 심리학자들의 연구에 따르면 우리가 염려하는 95퍼센트 이상의 것들은 대부분 일어나지 않는다고 한다. 뿐만 아니라 사람들이 염려하는 문제의 오직 10퍼센트만이 현재에 부딪힌 문제일 뿐, 나머지 90퍼센트는 쓸데없는 과거의 일이나 아직 일어나지 않은 미래의 일 때문이라고 한다. '정신분열증' 역시 크고 작은 염려와 두려움으로 인해 비롯되는 경우가 적지 않다고 한다. 그만큼 우리의 마음이 나뉘게 되어 '분열'되는 것은 삶의 리듬과 균형을 깨뜨리는 현상을 초래한다. 헨리 나우웬은 우리가 평소에 묻게 되는 수많은 '가정假'에 대해서 다음과 같이 말해주고 있다.

> 우리가 평소에 묻는 '만일에'라는 질문들을 한번 떠올려보십시오. 만일에 배우자를 못 찾고, 일거리를 못 구하고, 친구를 못 만나면 어쩌나? 만일에 직장에서 해고되거나 갑자기 병이 들거나 사고가 나면 어쩌나? 만일에 둘도 없는 친구를 잃게 되거나 결혼에 실패하거나 전쟁이 일어나면 어쩌나? 만일에 내일 날씨가 나쁘고, 지진이 일어나면 어쩌나? 만일에 도둑이 들어오거나, 내 돈을 훔쳐가거나, 내 딸을 강간하거나, 나를 죽이면 어쩌나?
>
> 헨리 나우웬의 『라이프 사인』 중에서

그렇다. 우리는 하루에도 수십 가지 염려에 사로잡혀 살아가는 순간들이 너무나 많다. 그것은 일어나지도 않을 일에 소중한 시간과 에너지만 지나치게 낭비하는 것이고 더 나아가 그것은 결국 그나마 우리 안에 남아 있는 긍정의 힘을 훔쳐가는 비생산적인 에너지 덩어리일 뿐이다. 우리를 실망시키는 것들에 집중하기보다 우리에게 도움이 될 가능성과 잠재력에 집중한다면 어떨까?

하루는 신사 한 사람이 야구장 앞을 지나며 서서히 차를 몰고 있는데 그가 몰고 있는 차 앞에 갑자기 야구공 하나가 굴러왔다. 급정거를 한 신사의 자동차 앞으로 운동장에서 아이들이 우르르 뛰어나와서 사과를 했다.

"아저씨, 놀라셨죠? 죄송합니다. 상대 선수가 홈런을 쳤거든요."

신사는 웃으면서 괜찮다고 말하면서 상대방이 홈런을 날렸는데도 불쾌해 보이지 않는 꼬마들의 순진함에 반했다. 그래서 아이들에게 질문을 던졌다.

"아니, 얘들아 너희들은 홈런을 맞았는데도 서운하지 않아?"

"서운하다니요? 원래 그 아이는 홈런을 잘 치는데요, 뭘."

아이들은 공을 주우면서 아무렇지도 않은 듯이 말했다. 신사는 두 번째 질문을 던졌다.

"그건 너희 팀 투수가 잘못 던졌기 때문이 아니니?"

"아니에요. 우리 팀 투수는 최선을 다했어요. 우리도 최선을 다하고 있고요."

신사는 할 말을 잃어버렸지만 마지막 질문을 건넸다고 한다.

"그럼 지금 점수가 어떻게 되니?"

"우리 팀이 8:0으로 지고 있어요."

"그래? 그래도 실망스럽지 않아?"

"왜 실망을 해요? 우린 아직 한 번도 공격을 하지 않았는데요."

그 말을 마치자마자 아이들은 소리를 내면서 야구장을 향해 우르르 몰려갔다고 한다. 한동안 그 신사는 차 안에서 혼잣말로 중얼거렸다.

"왜 실망을 해요? 우린 아직 한 번도 공격을 하지 않았는데요."

그 아이들의 말처럼 우리는 작은 것에 실망할 이유가 없고 좌절할 필요가 없다. 우리는 한 치 앞도 볼 수 없다. 아무도 내일 일을 장담할 수 없는 것이다. 그렇기에 염려는 시간 낭비이자 에너지 낭비나 다름없다. 어린아이들을 보라. 전혀 염려하지 않는다. 무엇을 먹을지, 무엇을 입을지, 전혀 염려하지 않는다. 아니 어쩌면 염려라는 개념조차 크게 없는지도 모르겠다. 그래서 우리는 어린아이들을 바라보며 천진난만하다고 말하지 않는가. 그들은 염려를 모르기 때문이다.

반대로 우리는 너무나 자주, 그리고 쉽게 염려에 빠지는 경우가 많다. '염려'를 뜻하는 영어의 'worry'는 본래 억제, 혹은 억압을 의미하는 고대 영어 단어 'wyrgan'에서 유래했다고 한다. 우리의 감정이 자리 잡고 있는 마음을 억압하는 것이 바로 염려라는 것을 암시해준다. 그것은 정상적인 생각을 억압하고 건설적인 행동을 억제하는 부정적인 에너지나 다름이 없기 때문에 염려는 어떤 경우에도 우리에게 전혀 도움이 안 된다는 것을 기억할 필요가 있다.

문제는 나 자신이 얼마나 염려에 사로잡혀 있는지, 혹은 억눌려 있는지를 우리들 대부분은 정확히 실감하지 못한다는 데 있다. 때문에 가까이에서 제3자의 보다 객관적인 도움을 필요로 하는 순간들이 많다. 그 도움의 손길을 통해 우리가 처한 상황을 새롭게 볼 수도 있기에 나의 문제나 염려를 바라보는 시각이 얼마든지 바뀔 수 있기 마련이다. 내가 고민하는 것들을 전혀 새로운 관점에서 볼 수 있도록 도움을 주는 이웃의 관심이야말로 우리의 염려를 한방에 '날려주는' 응원의 통로가 아닐 수 없다.

3부

응원은 가슴으로 하는 것이다

같이 울어주는 응원

『남자 심리학』이라는 책에서 저자인 우종민 씨는 눈물을 보이는 남자에 대해서 이렇게 설명하고 있다.

"남자다워야 한다"는 말 속에는 무수한 족쇄가 숨겨져 있다. 남자는 울면 안 되고, 쉽게 감정을 드러내거나 의사표현을 해서도 안 되며, 여자들은 과묵한 남자를 사랑한다는 교육과 문화 속에서 자라왔다. 섣불리 자신의 속내와 단점을 꺼내놓는 것은 경쟁자에게 미끼를 던져주는 꼴과 같다고 생각한다.

이와 같은 이유에서 남자들은 대부분의 경우 감정을 쉽게 드러내지 않고 흘리고 싶은 눈물도 감추며 사는 경향이 많다. 그만큼 남자가 눈물을 보이는 것은 부정적이라고 여기는 사회적인 '분위기'가 만연하다고 할 수 있다. 물론 여기에는 유교의 영향도 적잖은 비중을 차지할 것이다. 남몰래 숨어서 우는 남자들, 아니면 술에 취한 상태에서 우는 남자들은 가끔 볼 수 있어도 일상생활에서 흘리는 남자의 눈물은 좀처럼 구경하기 어려운 것이 우리 문화의 특징 중에 하나가 아닐까 싶다. 대다수의 사람들이 울음은 나약함의 상징이라고 생각하지만, 나는 오히려 눈물이 강인함의 한 특징이라고 생각한다.

특히 눈물처럼 힘이 되는 것도 많지 않다. 예를 들어 뜻밖의 시련을 통과하는 이웃을 위한 눈물이 그렇다. 때때로 누군가를 위로해줄 때 우리가 건네는 말에는 한계를 느끼기 마련이다. 그렇기 때문에 내가 기댈 수 있는 어깨, 기댈 수 있는 친구가 되어주는 것이 가장 확실한 사랑의 표현이자 응원의 통로가 될 수 있다. 때론 말도 필요 없고, 그저 옆에서 함께 울어주는 것이 가장 큰 위로가 되기 때문이다.

지금까지 내가 집례한 장례식 중에서 가장 어려운 장례식이 있었다면 여덟 살밖에 안 된 다혜의 장례식으로 기억된다.

그 와중에서 다혜의 아빠가 화장터의 지하에서 나에게 기대면서 던진 질문이 잊히지 않는다. 눈물을 하염없이 흘리고 있던 다혜 아빠는 나에게 "이 다음에 천국에서 다혜를 다시 만날 수 있을까요?" 하며 묻는 것이었다. 그때 나는 다혜 아빠를 바라보며 분명히 다시 만날 수 있을 것이라고 말하며 다혜 아빠의 손을 잡은 채로 한 자리에서 오랫동안 소리를 내어 같이 울었던 기억이 있다. 그것이 5분이었는지 10분이었는지, 아니면 더 긴 시간이었는지는 정확히 알 수는 없지만, 그 순간에 다혜 아빠를 응원할 수 있는 더 좋은 방법은 없었다는 것을 뒤늦게 알 수 있었다.

물론 그 순간처럼 인간의 나약함과 나 자신의 무력함을 느껴본 경험도 많지 않다. 슬픔에 잠긴 가족을 위해 할 수만 있다면 어린 다혜를 다시 살려내고픈 것이 그 순간의 간절한 소원이었지만, 그것은 내 능력 밖의 일이었다. 다만 그 속에서 내가 할 수 있는 최선의 것은 가족이 느끼는 슬픔을 함께 느끼고, 저들의 고통을 함께 나누는 것임을 알게 되었다.

그렇다. 우리가 남의 시련이나 아픔을 충분히 헤아릴 수 있는 길은 없다. 위로할 수 있는 능력도 없고 침묵이 가장 적합하게 느껴지는 순간도 있다. 때문에 침묵이 금이라는 표현도 생긴 것이 아니겠는가. 어쩌면 우리가 사랑하는 사람을 위로해줄 수 있는 최고의 선물은 어떠한 미사여구로 포장된 말보다 진심이 담긴 눈물이라고 나는 여전히 믿고 있다.

누군가 나를 위해서 그리고 나와 함께 눈물을 흘린 기억을 더듬어볼 수만 있어도 우리는 눈물의 힘을 발견할 수 있다. 아무런 말이 없이도 그 눈물은 우리의 상처 입은 영혼을 맑게 해주는 응원의 통로가 되기 때문이다. 그와 같은 경험이 우리에게 주는 교훈이 있다면 눈물에 인색해서는 안 된다는 것이 아닐까 싶다. 그만큼 눈물은 그 어떤 선물보다도 아름다운 선물이 될 수 있고, 그 어떤 능력보다도 강력한 에너지가 될 수 있고, 화려한 말보다도 따스한 응원의 메시지가 될 수 있기 때문이다.

다름을 격려하는 응원

우리 형이 미국에서 잠시 초등학교를 다닐 때의 일이다. 하루는 선생님께서 학생들에게 한 명씩 앞으로 나와서 칠판에 자신의 이름을 적으라고 하셨다. 당시 형은 겨우 영어로 자신의 이름을 쓸 수 있는 정도였는데 수많은 아이들이 지켜보는 앞에서 또박또박 쓸 자신이 없었다. '혹시라도 실수를 하면 어쩌지?' 싶은 생각에 형은 두려워했다. 혹시라도 철자를 틀리게 쓰면 친구들이 남은 학기 내내 '자기 이름도 못 쓰는 아이'라며 형을 놀릴 게 뻔했기 때문이다. 점점 형의 차례가 가까워지자 등에서는 식은땀이 나기 시작했다. 그러곤 얼마 지나지 않아 형의 차례가 되어서 앞으로 나가게 되었다.

그런데 칠판 앞에 서 있는 우리 형이 분필을 손에 쥐려고 하자 선생님께서 말씀하셨다.

"요셉아, 너는 한국에서 왔지? 한국은 우리가 사용하는 언어인 영어와는 다르니까 한국어로 너의 이름을 써볼 수 있겠니?"

형은 너무 흥분한 나머지 껑충껑충 뛰고 싶었다고 한다. 그것은 '식은 죽 먹기'처럼 쉬운 일이었기 때문이다. 형은 큰 글씨로 "김요셉"을 자신 있게 적었다. 그러자 한국어를 처음 보는 아이들의 눈이 모두 휘둥그레졌고 순식간에 형은 교실의 슈퍼스타가 되었다.

교실에 있는 모든 아이들이 수업이 끝나자마자 죄다 자기 이름을 공책에, 혹은 책 표지에 한국말로 적어달라고 아우성이었다. 결국 아이들은 줄을 서서 자기 차례를 기다렸고 형은 손이 아플 정도로 아이들의 이름을 정성껏 적어주었다. 스티븐 제이콥스, 매리 앵글러, 스태파니 스미스, 루이 코에르, 바니 에브스, 마이크 켄필드……. 순식간에 형의 두려움은 기쁨으로 변해버렸고, 지금도 그때 미국에서의 생활 중에서 어떤 사건이 가장 기억에 남는지 물어보면 형은 늘 그 선생님의 이야기를 꺼내며 때론 눈물을 보인다.

역시 위대한 선생님은 뭔가 달라도 다르다는 것을 알 수 있다. 어쩌면 그 선생님은 경험적으로 또는 직감적으로 형이 처한 상황을 알고 있었고, 의도적으로 모든 학생들에게 칠판에 이름을 적게 함으로써 소외당하기 쉬운 한 명의 학생이 보다 빨리 교실에 적응할 수 있도록 기회를 준 것인지도 모른다. 선생님은 형에게는 용기와 자신감을 주고, 다른 학생들에게는 우리가 사는 지구촌에는 영어가 아닌 다른 언어를 사용하는 사람들도 존재함을 보여주는 현장 학습의 기회로 삼은 것이다.

여기에서 선생님의 놀라운 지혜와 순발력을 발견할 수 있는데, 그 과정을 좀 더 구체적으로 설명하자면 다음과 같다.

1. 선생님은 형이 한국에서 온 학생이라는 것을 알고 있었고, 영어를 어려워할 것을 예측했다.

2. 선생님은 형이 같은 반 학생들에게 놀림거리가 되고 따돌림 받을 가능성을 알고 형을 도울 수 있는 방법을 찾았다.

3. 선생님은 형이 한국어에 익숙하기 때문에 이름을 한국어로 자신 있게 쓸 수 있을 것이라는 믿음을 갖고 있었다.

4. 선생님은 형을 혼자 교실 앞으로 불러내서 이름을 쓰게 하는 것보다, 먼저 다른 학생들도 자신의 이름을 쓰게 하고, 똑같은 조건 속에서 형도 이름을 쓰게 해서 소속 감을 주었다.
5. 선생님은 이 과정을 통해 형이 반 아이들에게 인정받게 했고, 형에게는 자신감을 심어주는 기회가 되었다.

선생님은 형이 다른 반 아이들과 다르다는 것을 알고 있었다. 기본적으로 문화와 언어가 다르다는 것을 알았고, 그 다름을 외면하기보다는 인정해주고 다름의 장점을 찾아 형이 교실에 보다 빨리 적응할 수 있게 해주었다. 결국 선생님은 자칫 같은 반 학생들로부터 이질감을 느낄 수 있을 형에게 미국 생활에 대한 두려움보다는 안정감을 갖도록 응원해주신 것이다.

작은 선물의 응원

선물이 우리의 마음을 감동시키는 것은 부인할 수 없는 사실이다. 그렇기 때문에 그 내용이나 가격과 관계없이 우리를 위해 마련되고 포장되고 전달되는 모든 선물은 참으로 귀하고 아름다운 것이다. 결국 선물은 우리의 마음을 나타내고 사랑을 표현하는 가장 효과적인 응원의 통로라고도 할 수 있다.

우리가 1년간 미국으로 가려고 준비할 때 같은 교회의 한 부부가 우리를 멋진 공연에 초청해준 기억이 있는데, 그 일은 두고두고 기억될 만한 일이었다. 공연에 누구를 초대하려면 공연 스케줄을 미리 확인하는 절차는 물론 서로의 일정을 조율해 계획을 세우고 표를 예매하는 수고가 따른다는 사실을 나는 잘 알고 있다. 공연의 콘텐츠나 퀄리티에서도 깊이 감명을 받았지만 우리를 기억해주고 초대해준 그 부부의 마음에 더 큰 감동을 받았다.

선물이란 결국 그런 것이 아닌가 싶다. 흔히 마음속으로 생각은 있어도 실천에 옮기지 못해 기회를 놓치는 경우가 더 많을 것이다. 하지만 생각은 표현되어질 때 가치가 있지 그저 생각에만 머무른다면 아무런 소용이 없는 법이다. 그렇다. 선물은 크고 작음이 중요하지 않다. 무엇보다 상대방을 기억하고 마음을 표현하는 성의가 중요한 것이다.

나를 감동시킨 선물은 한두 가지가 아니지만, 그중에서 기억에 남는 것 중 하나는 우리 교회의 한 청년이 우리 부부의 결혼사진을 간직하고 있다가 1년여의 기간에 걸쳐 십자수로 정성들여 수를 놓은 뒤 예쁜 액자에 담아 우리에게 선물을 해준 것이다. 그런가 하면 한동안 내가 몸이 안 좋다는 소식을 듣고 자신은 돈을 들여 사 드시지 않을 법한 고가의 비타민을 한 박스 가득 보내주신 분도 쉽게 잊히지 않는다.

뿐만 아니라, 우리 가족이 1년간 안식년을 마무리할 즈음에 일부러 시기를 맞추어 아이들이 미국에서 그동안 사귄 친구들을 위해 한국적인 선물을 나눠줄 수 있도록 작은 인형이 달린 연필, 종이 부채, 색동저고리 같이 다양한 색상과 부드러운 옷감으로 만들어진 필통, 핸드폰 고리 등 아이들이 좋아할 만한 선물 보따리를 가득 보내주신 분도 있다.

어느 지인은 명절만 되면 1만 원짜리 주유권 10장을 어김없이 선물해주시는데 지난 5년 동안 변함없이 계속되었다. 그분은 내게뿐 아니라 다른 사람들에게도 동일한 선물로 많은 사람들을 기쁘게 해주시는 분이다. 처음 그분께 주유권을 선물받았을 때, 개인적으로 주유권처럼 센스 있고 맘에 쏙 드는 선물도 없다고 생각했던 기억이 난다.

미국에서 알게 된 86세의 어르신 데이비드 매독스David Maddox라는 분이 계시는데, 그분은 별명이 초콜릿 아저씨다. 유능한 사업가인데 은퇴하고도 남을 연세에 여전히 젊은 청년 못지않게 부지런히 일하시는 분이기도 하다. 그런데 그분은 가는 곳마다 캘리포니아 주에서 생산되는 한 브랜드의 초콜릿을 선물하기로 유명하다. 한번은 그분의 며느리가 강의하는 행사에 700여 명의 여성들이 참여했는데, 거기에 참여한 사람들에게 각각 초콜릿 한 상자씩 선물해주었다고 한다.

물론 웬만한 사람은 700명에게 초콜릿을 선물해줄 수 있는 능력이 없다. 하지만 마음만 있다면 내가 사랑하는 한 가정,

내가 사랑하는 한 사람에게 초콜릿 한 상자쯤 선물해줄 여유는 누구나 있지 않을까? 그것이 초콜릿이든, 주유권이든, 한 권의 책을 구입할 수 있는 문화상품권이든, 무엇이든 말이다.

작은 선물이 될 만한 아이디어들

꽃이나 작은 화분

감명 깊게 읽은 책

도서나 영화 관람을 위한 상품권

명절과 연휴 기간을 위한 주유권

연말에 선물하기 좋은 저널 노트

새해를 맞이할 때 필요한 캘린더

향긋한 커피 원두 한 봉지

이상은 불과 몇 가지 아이디어 밖에 되지 않지만, 조금만 깊이 생각해보면 수많은 아이디어들을 떠올려볼 수 있다. 우리 주변에서 작은 선물을 통한 '응원'이 필요한 사람은 누가 있을까 한번 떠올려보자. 오늘 내가 건네는 작은 선물은 상대방의 얼굴에 두고두고 미소를 간직하게 하는 통로가 될 수도 있음을 기억하자.

글로 보내는 응원

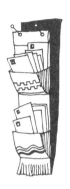

유학 시절, 학교의 우편함에서 부모님께서 보내주신 편지를 받는 것이 그날의 가장 큰 기쁨이었던 적이 있다. 요즘은 인터넷을 통해 이메일을 보내는 것이 의사소통의 수단이 되어버렸지만 편지를 주고받았던 그때 그 시절이 간혹 그립기도 하다. 어쨌든 멀리 떨어져 있는 가족으로부터 소식을 접하게 되는 것은 유학 시절에 겪었던 고향에 대한 향수병이나 외로움을 달래주는 응원의 근원이 되었다.

어느 유능한 리더는 부하 직원들을 격려하는 차원에서 짧은 쪽지를 보내는 훈련을 해왔다고 한다. 그 훈련이 일터에서 적지 않은 결과를 낳는 것을 보게 되었고, 때때로 직원들의 사무실을 들를 일이 있을 때 자신이 보낸 쪽지가 부하 직원의 책상 앞에 붙어 있는 것을 발견할 수 있었다고 한다. 물론 이것은 직장에서만 가능한 일이 아니라 가정에서도 가능한 일이다. 이른 시간에 학교에 등교하는 자녀들이나 직장에 출근하는 남편을 위해 쪽지를 가방 안에 넣어주는 아내와 엄마들도 많다.

지소영 작가는 아이들 등굣길에 책가방 안에 작은 '사랑의 쪽지'를 넣어준다고 한다. 그 속에는 짧은 격려의 말이나 응원의 말이 있는데, 하루 종일 아이들의 입가에 미소를 안겨주기에 충분하다. 지소영 작가의 아이들은 하루가 멀다고 엄마의 쪽지를 기다린다고 하니, 이 얼마나 멋진 선물이 아니겠는가?

내가 쓴 책을 읽고 감동을 받았다는 독자로부터 편지나 메일을 받을 때처럼 고맙고 감격스러울 때도 없다. 그러한 쪽지를 받을 때면 나는 거의 어김없이 두고두고 간직하는 편이다. 그리고 읽고 또 읽는다. 왜냐하면 글쓰기가 아무리 고달프고 외로워도 독자의 한마디 응원은 나로 하여금 글을 쓰고 또 쓰게 하는 원동력이 되기 때문이다. 서점이나 인터넷 사이트를 검색하는 수고에서 출발해 책을 구입하는 데 투자하는 비용, 게다가 책을 읽기 위해 투자하는 시간과 에너지, 그것도 모자라 책을 흥미롭게 잘 읽었다는 메시지까지 전해주는 독자의 사랑이야말로 작은 응원이 아님을 알고 있다.

미국을 여행할 때마다 느끼는 것 중에 하나는 미국에서는 '카드' 문화가 잘 발달되어 있다는 사실이다. 단순히 생일이나 결혼기념일 같은 주요 이벤트만이 아니라 우리의 상상을 초월하는 각종 카드가 가게를 장식하는 것을 볼 수 있다. 요즘처럼 인터넷 사용률이 많은 현실 속에서도 미국인들은 다양한 카드를 통해 서로를 기억하고 축하하고 격려하고 응원하는 것을 쉽게 찾아볼 수 있다.

특히 카드는 대부분의 경우 이미 짧은 메시지가 담겨 있기에 글쓰기에 자신이 없거나 시간이 많지 않아도 우리의 마음을 표현하기에는 가장 적절한 도구가 될 수 있다. 카드는 그만큼 부담이 없기 때문에 거기에 호감을 갖게 되고 매력을 느끼는 것이 아닐까 싶다.

물론 아무리 많은 카드가 인터넷을 장식하고 매장을 가득 채울지라도 그 카드가 누군가의 손에 전달되기까지는 적지 않은 수고가 따르기 나름이다. 적절한 카드를 찾는 수고(가게에서나 인터넷으로 마음에 드는 카드를 선별하는 작업)에서부터 시작해서 카드의 디자인과 내용을 검색하는 수고, 돈을 주고 카드를 구입하는 수고, 글을 쓰기 전에 생각하는 수고, 내용이 길든 짧든 카드에 글을 쓰는 수고, 그리고 카드를 발송하는 수고 말이다.

하지만 그것이 카드든, 편지든, 쪽지든, 메일이든, 어떤 형태든지 글은 감사의 마음을 표현하거나 사랑을 표현할 수 있는 도구이며 축하의 내용이나 위로의 내용을 전할 수 있는 통로임을 알 수 있다. 우리가 잠시 하던 일을 멈추고 누군가를 생각하며 전달하는 글은 적지 않은 응원이 될 수 있다. 일주일에 한 번만이라도 잠시 멈추어서 짧은 글로 누군가를 응원해줄 수 있다면 얼마나 좋을까?

발로 찾아가는 응원

우리에게 움직일 수 있는 발과 다리가 있다는 것은 보통 큰 축복이 아니다. 우리 주변에는 사고나 장애로 아예 발과 다리를 사용할 수 없는 사람들이 적지 않기 때문이다. 뿐만 아니라 발과 다리는 멀쩡해도, 여러 가지 이유에서 자유로이 몸을 움직일 수 없는 사람들도 있기 마련이다. 그것이 양로원의 할머니 할아버지들이든 교도소의 재소자든, 병원에 입원한 환자든 발과 다리를 사용할 수 없는 이웃들은 우리 가까이에서 얼마든지 찾아볼 수 있다. 그렇기 때문에 우리의 몸, 그리고 발은 누군가를 응원해줄 수 있는 아주 좋은 도구 중 하나라고 할 수 있다.

내 지인들 중에는 장애인 시설을 정기적으로 방문해 목욕 봉사를 하는 사람들도 여럿이 있다. 어떤 사람들은 교도소의 재소자들을 방문하기도 하고, 외국어가 가능한 사람들은 외국인 재소자를 찾아가 저들에게 적합한 읽을거리를 제공해주거나, 따스한 옷과 이불, 그리고 편지를 넣어주는 사람들도 있다. 하지만 그것이 누구를 만나는 일이든 기본적으로 발과 다리를 움직여서(운전을 해도 발과 다리를 사용해야만 되기에) 찾아가는 수고가 반드시 있어야만 가능한 일이다.

언젠가 어느 분이 내게 함께 외국인 재소자를 방문하자는 제안을 해서 그분을 따라 한두 번 다녀온 기억이 있다. 그러던 중 그분이 얼마나 그 일을 지속적으로 해왔는지를 뒤늦게 알아차리고서는 감동한 적이 있다. 그분은 오랜 시간 동안 그렇게 소리 없이 외국인 재소자를 찾아가고 있었던 것이다. 한번은 외국인 재소자 중 '버나드'라는 흑인 재소자가 그분께 다음과 같이 말을 했다고 한다. "당신이 나를 찾아올 때마다 나는 다시 사람이 된 듯한 느낌을 갖습니다."

우리가 우리의 발과 다리를 움직여 누군가를 찾아간다면 그것은 그 사람에게 다시 사람이 되는 소망을 주는 기회가 될 수도 있다는 것을 상기해야 한다. 그만큼 우리의 발과 다리는 누군가를 위한 응원의 통로가 될 수 있는 것이다.

우리는 누군가를 사랑하면 그 사람을 찾아가게 되어 있다. 아무리 그 길이 멀고 험해도 무슨 수를 써서라도 그 길을 끝까지 고집하고 고통을 감수할 것이다. 프러포즈를 하더라도 상대를 만나기 위해서는 먼저 찾아가야 한다. 두려워도 용기를 내야 하고, 실패를 하더라도 도전을 해야 하고, 자신이 없어도 모험을 해야 한다. 찾아가는 수고가 없이는 아무 일도 일어나지 않기 때문이다. 때로는 체면도 버리고, 사회적인 위치, 신분 이러한 것들을 모두 버려야만 우리는 찾아갈 수 있는 것이다. 가는 길이 조금 불편하거나 어색해도, 그 길을 잘 몰라도, 그 과정이 길고 험해도, 응원하고자 하는 마음과 사랑을 표현하고자 하는 마음은 우리로 하여금 발을 움직여서 찾아가도록 하는 것이다.

찾아가는 응원은 그 모양이나 색깔이 얼마든지 다양할 수 있다. 때로는 힘 있는 자가 힘없는 자를 찾아가는 것이 요구될 수도 있는가 하면 있는 자가 없는 자를, 배운 자가 배우지 못한 이를 찾아가야 할 때도 있다. 한때 우리 어머니에게 영어를 가르쳐달라는 사람들이 많이 있었는데, 그중에서도 어머니는 수원교도소의 여자 재소자들을 위해 영어를 10년 가까이 가르치셨다. 재소자들은 학교나 학원에서 영어를 배울 수 있는 형편이 아니었기에 누군가 외부에서 찾아와 가르쳐야만 배울 수 있었다. 어머니는 무료로 봉사하신 일이었지만 언제나 성의를 다하신 것으로 기억한다. 미국 사람으로서, 영어를 가르치는 일은 어려운 일도 아니었기에 어머니에게는 즐거운 일이었고, 배우는 이들의 입장에서는 정식으로 영어를 배울 수 있는 더할 나위 없이 좋은 기회였던 것이다.

하지만 그 일은 자신을 움직이지 않고 발을 움직이지 않는다면 절대로 할 수 없는 일 아니겠는가?

손으로 보내는 응원

미국의 어느 빈민가에서 아이들을 가르치는 초등학교 선생님이 계셨다. 하루는 선생님이 아이들에게 숙제를 내주었는데 종이 한 장에 자기가 가장 감사한 것 한 가지를 그림으로 그려 오는 것이었다. 하지만, 속으로 선생님은 이렇게 생각했다고 한다.

'이렇게 어려운 환경 속에서 아이들이 감사할 만한 조건이 과연 한 가지라도 있을까?'

그러나 그 다음 날 선생님의 예상을 뛰어넘는 다양한 그림이 나왔다고 한다. 그중에 특히 더글라스라는 아이의 그림이 매우 인상적이었다. 그 학생은 그저 누군가의 손을 그린 것이다. "왜 하필이면 손을 그렸니?" 선생님은 궁금한 나머지 아이에게 물어보았다. 아이의 설명은 선생님의 손을 그렸다는 것이다. 그 어린아이가 1년 내내 마음속으로 가장 감사하게 여겼던 것은 무엇보다도 자기를 돌봐주고 쓰다듬어주는 선생님의 손길이었던 것이다. 선생님의 탁월한 지식이나 가르치는 기술이 아니고, 자신을 돌봐주던 선생님의 손이 가장 기억에 남았다는 것이다.

우리는 손으로 참 많은 것을 할 수 있다. 하지만 그 손을 주머니 속에만 넣어두거나 팔짱을 낀 채 하루하루를 살아갈 수도 있다. 주먹을 꽉 쥔 채로 사는가 하면, 두 손을 주머니에서 꺼내 그 손을 누군가를 위한 축복과 응원의 도구로 사용하기도 한다.

손으로 하는 응원은 한두 가지가 아니다. 십자수, 집안 청소, 꽃꽂이, 요리, 안마, 반주, 설거지, 빨래 등등 수없이 많다. 우리는 이를 응원이라고 생각하지 않았을 뿐, 사실은 모두 누군가를 위한 응원의 통로나 다름이 없다.

어린아이를 돌보는 일을 하는 어느 청년은 평소에 자신의 손이 싫었다고 한다. 자신의 손이 너무 작고 뭉뚝했기 때문이다. 하지만 어느 날, 어린아이를 돌보면서 자신의 생각이 얼마나 그릇되었는가를 반성하게 되었다고 한다. 그 청년의 고백은 사실상 우리 모두에게 도전이 되는 고백이 아닐 수 없다.

> 한 아이가 있다. 이유 없이 짜증을 내면서 울고 있다.
> "왜 그러냐?"고 물어도 대답이 없다. "어떻게 하면 짜증
> 이 안 날까?" 물었더니, 한참 만에 말한다. "안아주세
> 요." 그래서 손을 벌려 꼭 안아주었다. 그랬더니, 미소
> 를 띠면서 "업어주면 좋겠다"고 한다! 그 아이를 업고,
> 걸으면서 생각해본다. 나는 내 손이 작고, 뭉뚝해서 별
> 로 좋아하지 않았다. 그런데, 나의 손이 따스함을 줄 수
> 있다니! 오늘도 나는 이 아이를 안아준다.
>
> 양민옥 「한 아이가 있다」 중에서 《주아기》 2005년 12월호

글쓴이의 작은 발견처럼 누군가를 안아줄 수 있고, 업어줄 수 있고, 따스함을 줄 수 있는 손, 그 손은 보통 손이 아니다. 손의 쓰임새가 얼마나 다양한가? 문제는 그 손을 선한 도구로 사용할 수 있다는 사실을 잊고 사는 데 있다. 우리의 손은 한 사람, 혹은 한 명의 어린아이를 위한 응원의 통로가 될 수 있다. 아니, 어쩌면 그 기회는 우리에게 매일 주어진다고 해

도 과언이 아니다.

우리는 손을 펴서 악수를 할 수도 있다. 손뼉 치며 응원할 수도 있고, 손을 흔들며 인사를 건네기도 한다. 손으로 선물을 주고, 손으로 눈물을 닦아줄 수도 있다. 손으로 넘어진 아이를 일으켜 세울 수 있는가 하면, 손으로 어깨를 주물러줄 수도 있다. 잠들기 전, 혹은 잠에서 깨어난 자녀의 머리에 손을 얹고 축복해줄 수 있고, 손으로 편지를 쓰거나, 손을 모아 기도할 수도 있다.

다음은 월간 《일하는 제자들》에 실렸던 글로 우리의 손이 얼마나 소중한가를 깨닫게 해주는 내용이 담겨 있다. 하지만, 우리 모두 그 손을 움직여야만 된다. 손을 움직일 때, 그 손은 크고 작은 기적을 낳기 때문이다.

넘어진 친구를 위해 내미는 손, 그 손은 아름다운 손입니다. 외로움에 허덕이는 사람을 위해 편지를 쓰는 손, 그 손은 아름다운 손입니다. 하루 종일 수고한 아버지의 어깨를 주무르는 손, 그 손은 아름다운 손입니다. 낙망하고 좌절한 이에게 내미는 격려의 손, 그 손은 아름다운 손입니다. 사랑하는 사람이 흘리는 눈물을 닦아주

는 손, 그 손은 아름다운 손입니다. 나 아닌 남을 위해
눈물 흘리며 기도하는 손, 그 손은 아름다운 손입니다.
그 손은 지금 당신에게 있습니다.

따스한 말의 응원

2008년 하계 올림픽 수영 종목에서 8개의 금메달을 차지하고 7개의 세계신기록을 수립한 마이클 펠프스^{Michael Phelps} 선수는 일곱 살 때 누군가가 "지금 네 수영 솜씨를 보니 수영을 무척 잘할 것 같다"는 한마디 응원의 말을 들은 뒤로 거의 물개처럼 수영만 하며 살았다고 한다. 『칭찬은 고래도 춤추게 한다』는 책 제목처럼, 우리가 던지는 한마디 칭찬엔 무한한 잠재력이 있다는 사실을 부인할 여지가 없다. 결국 우리가 순간적으로 선택하는 한마디에 따라 한 사람의 미래가 좌우될 수 있다는 것을 기억해야 될 것이다.

나비넥타이의 멋쟁이 김동길 교수님을 단 한 번 뵈었는데,

비록 짧은 만남이었음에도 불구하고 긴 여운과 많은 생각을 남긴 시간이었다. 행사에 특별 강사로 초청해 어렵게 모셨는데 TV로 볼 때와는 다르게 정말 부드럽고 매력적인 분이었음을 느낄 수 있었다.

지금도 잊히지 않는 것은 강의 시작 전 다락방 같은 내 서재에 앉아 짧은 대화를 나누었는데 내가 "강의를 마치시면 점심식사를 꼭 대접하고 싶다"고 말씀을 드렸더니 함께 식사를 하는 것은 좋은데 식사는 당신께서 사시겠다고 우기셨다. 한동안 옥신각신 했지만 소용없는 일이었기에 어르신의 뜻에 따르기로 했다. 그다음 과제는 어르신이 좋아하시는 음식이 무엇인지 여쭙는 차례였다. 시간이 많지 않은 관계로 나는 결국 선택의 폭을 한식, 중식, 일식으로 줄여 말씀을 드렸다.

그런데 두 번째 질문에도 그분은 뜻밖의 대답을 하셨다. 점심에는 우리 아이들도 꼭 같이 동행했으면 좋겠는데 아이들이 특별히 좋아하는 음식이 무엇인지 거꾸로 물어보시는 것이었다. 정말 어처구니없고 황당한 일이 아닐 수 없었다. 그 싸움에서도 결국 내가 이길 수 없게 되어 아이들이 좋아하는 자장면을 먹으러 가게 되었다. 하지만 놀라움은 여기서 그치지 않았다. 교수님께서는 오후에 또 다른 행사가 있으셨기 때문에 식사를 마치시고 급하게 이동을 하셔야 했는데, 내가 너무 많은 시간을 빼앗은 것 같아 죄송한 마음을 금할 길이 없었다. 간단하게 인사를 나눈 뒤 식당을 나설 때 여종업원 한 명이 달려오며 "교수님, 저 혹시 사인 하나 부탁드려도 될까요?" 하며 교수님께 부탁했다. 사실은 1분 1초가 급했기에 나는 가급적이면 그 여직원의 부탁을 교수님이 거절했으면 하는 바람이었다.

일정이 빡빡함에도 불구하고 교수님께서는 반가운 미소를 띠며 "물론이죠" 하며 여유 있게 대답하셨다. A4 용지 한 장을 건네드리자 교수님은 정성껏 사인을 해주시는 것 아닌가. 그 바쁜 와중에도 교수님은 뭔가를 열심히 적으셨는데, 그 내용이 궁금해 교수님의 어깨 너머 그 내용을 훔쳐보았다. 종이 위에는 교수님의 사인과 함께 "인생은 고통스럽지만 아름다운 것이다"라는 글귀가 쓰여 있었다.

그날 솔직히 김동길 교수님의 강의 내용은 잘 기억하지 못하지만, 그분의 품위 있는 모습은 여전히 적잖은 도전이 된다. 물론 정치적 이념 때문에 김 교수님을 반가워하지 않는 사람들도 많지만 나는 그날 그분의 정치적인 색깔보다 마음의 따스함을 느낄 수 있어서 감사하지 않을 수 없었다.

희망을 심어주는 응원

살다 보면 내가 할 수 있는 것보다 할 수 없는 것이 자꾸만 눈에 보인다. 뿐만 아니라 자신이 넘칠 때보다는 자신감을 상실할 때가 많은 것도 사실이고, 크고 작은 한계에 부딪히는 순간들이 많은 것도 사실이다. 그렇기 때문에 우리는 할 수 없는 것에 집착하기보다는 할 수 있는 것에 집중할 필요가 있으며, 희망을 가질 수 있도록 도움을 주는 응원자가 필요하다.

어느 죄수 하나가 교도소 안에서 늘 쓸쓸한 삶을 살고 있었다. 그런데 하루는 점심시간에 교도소 밖에서 연 하나가 떠 있는 것을 발견했다. 알고 보니 그 연은 날마다 점심시간이 되면 항상 하늘을 날고 있었고, 그 죄수는 점심시간이면 언제나 하늘을 훨훨 날아오르는 연이 부럽기만 했다.

"연을 날리는 사람은 누굴까?"

죄수는 늘 똑같은 시간만 되면 떠오르는 연을 보면서 궁금함을 참을 수 없어 교도관에게 물었다.

"저 연을 날리는 사람은 도대체 누굽니까?"

그때 교도관이 눈을 크게 뜨면서 이렇게 대답했다.

"아니 아직고 모르고 있었어요? 그 연은 당신 아들이 당신을 응원하기 위해 날리는 연이잖아요."

그 순간 죄수는 갑자기 식었던 심장이 뜨거워지기 시작했다고 한다. 온몸에 생기가 돋는 듯했고, 이제 다시 살아야 할 이유가 연처럼 떠오르게 되었다.

벼랑 끝에 있는 사람에게 희망을 심어주는 것은 무척 큰 힘이 된다. 인간의 마음에는 보이지 않는 것을 볼 수 있는 능력이 있기 때문에 희망을 갖게 되면 우리는 세상을 새롭게 보고, 나 자신을 새롭게 본다. 어느 연구 자료에 따르면 일곱 살 미만의 어린아이들은 특별한 경우를 제외하고는 매우 희망적이라고 한다. 그래서 늘 긍정적이고, 도전할 수 없는 일이 없다고 자신하게 된다. 이다음에 커서 "대통령이 되겠다"고 하는 아이들도 대부분 일곱 살 미만의 아이들이라는 것을 우리는 확인할 수 있다. 하지만 조금씩 나이가 들면서, 주변 사람들의 목소리에 민감해지게 된다. 결국에는 할 수 있는 것보다 할 수 없는 것들이 더 크게 작용하게 되면서 가능성을 하나씩 내려놓게 된다. 대통령이 되겠다는 꿈도 조금씩 저버리게 되고 어느 순간부터 보다 작은 꿈에 만족하게 된다.

하지만 똑같은 아이에게 끊임없이 희망을 심어준다면 어떻게 될까? 반드시 대통령이 된다는 것을 보장할 수는 없겠지만 크고 작은 삶의 도전과 고비의 순간들 앞에서 쉽게 포기하지 않는 성인으로 자라가게 될 것이 틀림없다. 우리는 어린 아이들뿐 아니라, 주위에 있는 모든 사람들에게 희망을 심어줄 수 있는 위치에 있다. 오늘 내가 누군가에게 희망을 줄 수 있는 방법은 무엇이 있을까?

『내가 다섯 살이 되면』이라는 책은 뇌종양으로 고통 받는 아이들의 삶을 보여주고 있다. 그중에는 한쪽 눈을 절반 밖에 뜨지 못하고 안면 근육 마비로 웃을 때 한쪽 얼굴이 일그러지는 '첼시'의 이야기도 있다.

첼시는 뇌종양을 앓았던 경험 덕분에 삶의 고귀함을 알게 되었다. 병이 회복되면서 미래를 계획하고 현재를 즐길 줄도 알게 되었다고 한다. 때문에 뭐든지 할 수 있을 때 용기를 내서 해보기로 했다. 하지만 큰맘 먹고 타인을 위해 자신의 피를 나눠줘야겠다며 헌혈을 결심했는데 약을 먹고 있다는 이유로 받아들여지지 않았다. 적잖이 실망을 했지만 그럼에도 불구하고 첼시는 포기하지 않았다. 그녀는 누군가에게 도움의 손길을 주고 싶은 마음에서 결국 장기 기증 서약을 했다. 자신이 죽을 때 자신의 심장이나 콩팥을 필요로 하는 사람이 있다면 그렇게라도 희망을 심어주고 싶다는 17살 소녀의 고백이다.

첼시의 이야기를 통해 우리는 누군가에게 희망을 심어주는 것은 그렇게 대단하거나 어려운 일이 아니라는 것을 알 수 있다. 중요한 것은 내 주변에서 발견할 수 있는 크고 작은 필요들에 반응하는 마음가짐이 아닐까 싶다. 헌혈도, 장기 기증도, 우선적으로 남을 배려하고자 하는 마음이 없이는 불가능한 일이기 때문이다.

나는 어머니와 아내가 수혈받는 것을 옆에서 지켜본 경험이 있기에 헌혈이 한 사람에게 얼마나 중요한 희망의 통로가 될 수 있는지 잘 알고 있다. 물론 장기 기증도 마찬가지다.

우리가 평소에 누군가에게 희망을 심어줄 수 있는 방법은 얼마든지 있다. 지금 내가 있는 삶의 자리에서 누군가에게 희망을 선물할 수 있는 방법은 무엇이 있을지 생각해보자.

눈길로 보내는 응원

'눈은 마음의 거울'이라는 말이 있다. 그만큼 우리의 눈은 속이기 힘들다는 표현이 아닐까 싶다. 더 나아가, 갓난아기가 엄마의 시선과 미소를 보면서 크는 것은 아이의 성격에 매우 긍정적인 영향을 미친다는 전문가들의 연구 결과 역시 시사하는 바가 크다. 하지만 아이들이 자라면서 응원의 눈길이나 시선보다는 비교의 시선, 질투의 시선, 그리고 경쟁의 시선에 더 익숙해지지 않는지 모르겠다.

사람에게 있어서 눈의 기능처럼 중요한 것도 없다. 갓난아기들이 엄마의 얼굴을 응시하는 이유에 대한 새로운 학설이 발표되었는데 그 주요 내용은 "엄마의 얼굴은 유아의 자아의

식 생성에 필요한 거울"이라고 한다. 그래서 신생아는 생후 42분 만에 얼굴 표정을 식별하기 시작하고 그때 엄마의 표정을 통해 아기는 감정과 소리의 우주를 구축하게 되는데, 그것이 결국 아기의 성품과도 직접적인 관계가 있다고 한다. 더 놀라운 것은, 만일에 부모의 사랑의 눈길이 없으면 아이의 표정은 일그러진다는 것이다.

테레사 수녀는 사람들을 바라보는 그리스도인들의 눈에서 하나님을 볼 수 있어야 한다고 말을 했다. 그만큼 우리 마음에 가득한 것이 눈을 통해 나타난다는 뜻이다. 그렇다면 사람들은 우리의 눈에서 무엇을 발견할까? 시기의 시선이나, 질투의 시선, 혹은 분노의 시선으로 상대방을 바라볼 수도 있는가 하면 우리는 사랑과 격려의 시선, 그리고 축복의 시선으로 상대방을 응원할 수도 있다.

부모들은 아이들의 시선을 쉽게 관찰할 수 있는데, 특히 형제들끼리 싸우는 모습을 관찰하면 서로의 시선을 피하는 것을 볼 수 있다. 불편하기 때문에 시선을 돌리는 것이다. 부모에게 꾸중을 들을 때도 마찬가지로 시선을 피하는 것을 발견할 수 있다. 반면에 사랑하면 눈길을 주게 된다. 카페에서 마주앉은 연인을 보라. 상대방의 눈을 그토록 깊이, 그리고 길게 응시하는 것은 왜일까?

프랑스 파리의 루브르 박물관에는 레오나르도 다빈치 Leonardo da Vinci, 1452~1519의 작품 중에 하나인 〈모나리자〉가 있다. 크기는 세로 77센티미터, 가로 53센티미터로, 미술 세계에서는 그림의 가로 세로 비율이 가장 이상적인 '황금 비율'이라고 한다. 뿐만 아니라, 최초로 원근법이 사용된 그림으로 입체감이 선명하게 드러나는 작품으로 알려져 있다. 하지만 〈모나리자〉가 특별한 이유는 그림 속 모나리자의 눈을 어느 각도에서 봐도 보는 이와 시선이 마주치는 작품이기 때문이다. 왼편이든 오른편이든, 자신의 위치를 움직이면서 그 눈을 쳐다봐도 결과는 똑같다. 그림의 시선은 보는 이를 따라 움직이면서 어느 각도에서도 정확하게 일직선으로 그 사람의 눈과 부딪치게 되는데, 그것이 마치 살아 있는 사람의 눈을 보는 것과도 같다고 해서 명작이라고 한다.

그 〈모나리자〉에 남다른 관심을 갖고 연구한 사람 중에 하나가 다음과 같은 질문들을 던졌다. 왜 그 그림을 세계 최고의 명화라고 하는가? 왜 루브르 박물관의 많고 많은 그림 중에서 그 작품만을 방탄유리로 보호하고 있는가? 왜 레오나르도 다빈치가 자신이 죽을 때까지 그 그림만은 자기 옆에 걸어

두었는가? 왜 그가 사람을 좀 더 정확하게 그리기 위해서 열 번 이상 시체를 해부하면서 특히 얼굴을 세심하게 관찰했을까? 왜 프랑수아 1세François I, 재위 1515~1547가 그 그림을 자기 소유로 만들었다가 온 세계 인류가 다 볼 수 있도록 루브르 박물관에 기증했을까?

그 답은 시선이 마주치는 그림은 세상에 오직 〈모나리자〉밖에 없기 때문이고 아무도 흉내 낼 수 없는 기술이기 때문이다. 사람에겐 시선이 이렇게 중요하다. 다시 말해 나와 마주치는 시선이 필요하다는 것이다. 왜냐하면 시선은 곧 사랑을 의미하기 때문이다. 물론 사람의 시선에 한계가 있는 것이 사실이다. 그 누구도 쉬지 않고 시선을 맞추어줄 수 있는 사람은 없지 않은가. 그렇지만 때때로 우리는 사랑하는 사람이 나에게 눈길을 주지 않기 때문에 상처를 받고 실망하고 원망하는 경우들을 목격할 수 있다.

우리가 항상 누군가를 위한 〈모나리자〉가 되어주는 것은 불가능한 일이다. 그것은 박물관의 작품이지 사람이 아니기 때문이다. 하지만 우리가 먹고 마시고 일하며 관계하는 매일매일의 삶의 현장에서 누군가를 위해 사랑의 눈길로 한 사람의 영혼을 만져주고 응원하는 것은 얼마든지 가능한 일이다.

용서하는 응원

성경의 「누가복음」에는 유명한 탕자 이야기가 나온다. 그 속에 장남은 성실하고 모범적인 아들로 등장하는 반면에 차남은 독립을 하기 위해 자신의 유산을 아버지에게 미리 달라고 부탁하는 철없는 불효자식으로 등장한다. 이야기 속의 아버지는 놀랍게도 둘째 아들의 요구를 거절하지 않고 그대로 유산을 물려준다. 둘째 아들은 그렇게 집을 떠나게 되지만 머지않아 재산을 모두 다 날려버리고 고민 끝에 결국 집으로 다시 발걸음을 돌리게 된다. 탕자를 '보내주는' 아버지의 모습도 상상하기 어렵지만 탕자를 다시 '맞이하는' 아버지의 모습 역시 우리의 상상을 초월하는 드라마틱한 장면이 아닐 수 없다.

결국 아버지와 아들이 한 달, 1년, 아니 어쩌면 훨씬 더 긴 세월 만에 다시 만나게 되는 가슴 조이는 순간이다.

첫 번째 장면 "그 아들이 아직 먼 거리에 있는데"

집을 나간 탕자가 먼 거리에서 서성거리고 있는 모습이다. 집으로 돌아가고 싶지만, 용기가 나질 않는다. 얼마나 오랫동안 서 있었는지는 아무도 모른다. 그런데 다행히도 먼 거리에 서 있는 탕자를 알아본 사람이 있다. 그 사람은 바로 탕자의 아버지다.

이야기의 흐름 속에서 탕자의 아버지는 집을 나간 아들을 기다리다가 먼 거리에 있는 아들을 발견한다. 여기에서 중요한 것은 '먼 거리에'라는 짧은 문장이다. 아버지는 오랜 기간 동안 아들을 기다려왔다. 그렇기 때문에 아들이 언젠가는 돌아올 것이라는 희미하지만 분명한 희망이 아버지의 마음속에 자리 잡고 있었을 확률이 높다. 창문 너머로 보이는 언덕을 바라보며 아버지는 넋을 놓고 기다린다. 그러던 어느 날 갑자기 믿기지 않는 광경을 목격하게 된다. 느린 걸음으로 집을 향해 돌아오는 아들의 모습이다. 집을 나간 아들이 '먼 거리에' 있었지만 아버지는 그 아들을 알아보는 데 오랜 시간이 걸리지 않는다. 먼 거리에서 서성거리고 있는 그 아들을, 집으로 발걸음을 옮기고 싶어도 용기가 없어 망설이는 아들을, 자신의 지은 죄가 너무나 커서 죄책감에 눌려 있을 그 아들을 아버지는 한눈에 알아본다. 그의 겉모습만 알아본 것이 아니라, 아버지는 그의 속마음까지도 알아본다.

두 번째 장면 "아버지가 그를 보고 불쌍히 여겨"

아버지는 탕자의 위치를 단순히 확인한 것만이 아니라 그를 불쌍히 여기고 있다. 집을 나간 아들을 충분히 외면하거나 원망할 수도 있지만 아버지는 아들의 돌아옴을, 아들의 살아 있음을 기뻐한다. 아들을 향한 아버지의 마음은 다름 아닌 불쌍히 여기는 마음이다. 그 모습에서 아버지는 이미 마음속으로 아들을 향한 용서를 작정했음을 알 수 있다.

어쩌면 아버지만이 아들을 향해 느낄 수 있는 그런 마음인지도 모르겠다. 아버지는 자신에게 돌아올 몫의 유산을 미리 챙겨 집을 나가 재산을 몽땅 탕진하고 돌아온 그 아들을 새로운 눈과 마음으로 보는 것이다. 그 아들을 질책하거나 원망하지 않는다. 그를 외면하기보다는 오히려 그를 불쌍히 여기고 살아 있음을 감격해한다.

세 번째 장면 "달려가"

달려간다는 것은 빠른 반응을 의미한다. 팔짱을 끼고 있는 모습과는 거리가 멀다. 아버지는 더 이상 기다릴 수 없다. 그리고 기다리지 않는다. 더 이상 먼 거리에 있는 아들을 보고만 있을 수 없는 노릇이다. 살아서 돌아온 아들이 너무나 반갑고 고맙기 때문이다. 얼마나 고생을 했을까? 건강은 상하지 않았나? 이것이 아버지의 마음을 지배하는 생각이었고, 그의 모든 생각은 온전히 아들을 향한, 아들에 대한, 아들을 위한 생각이었다.

걸어서 가기에는 너무나도 먼 거리였다. 아버지의 나이는 정확히 드러나지는 않지만 그리 젊은 나이는 아닐 것이다. 그래도 상관없다. 아직까지 달려갈 만한 힘은 남아 있기 때문이다. 아버지는 있는 힘을 다해 뛰어간다. 아니 어쩌면 아버지가 사는 동안 이제 마지막으로 달리게 되는 것인지도 모르겠다. 나이 많은 아들을 향해 달리다가 쓰러질 수도 있다. 그래도 상관없다. 아들이 그립고 보고 싶기 때문이다. 아들을 지금까지 기다렸기 때문이다.

아들을 발견한 아버지는 지체하지 않고 아들을 향해 달려간다. 그 거리가 얼마나 멀었는지는 알 수 없고, 아버지의 나이도 정확히는 몰라도 분명한 것은 어린아이처럼 달려가는 아버지의 모습이 드러나 있다는 점이다. 아들의 방탕함과 무례함을 모두 잊은 채 아버지는 아들을 향해 달려가고 있었다.

네 번째 장면 "아들을 끌어안고"

아버지는 아들을 향해 달려간 다음, 아들 앞에 도달했을 때, 즉시 그를 끌어안는다.

아들을 향해 달려 나간 아버지는 무릎을 꿇고 머리를 땅에 파묻은 채 앉아 있을 아들을 두 팔 벌려 끌어안는다. 온몸이 더럽혀질 대로 더럽혀지고 악취가 나는 아들을 끌어안는다. 중요한 것은 아들이 다시 돌아왔고, 어제의 탕자는 오늘의 탕자가 아니기 때문이다. 아버지와 아들이 얼마나 오랫동안 그 상태로 있었는지 모른다. 하지만 아들을 향해 달려가는 것이 가장 강렬한 사랑의 표현이라면, 아들을 끌어안는 것은 용서의 상징이라고 할 수 있다. 아버지의 사랑은 말이나 입술로만의 사랑이 아니다.

다섯 번째 장면 "입을 맞추었다"

원어를 살펴보면, 입을 맞추는 행위는 단순히 일회성이 아닌, 반복적인 입맞춤이라는 것을 확인할 수 있다. 엄마나 아빠가 어린 자녀들에게 해주는 일종의 키스 공격Kiss Attack이다. 온몸에, 지속해서, 집중적으로 뽀뽀해주고 또 해주는 것을 의미한다. 물론 아이들은 간지러워 죽겠다고 한다. 그래도 사정없이 아이들에게 뽀뽀한다. 이것이 아버지의 심정이다.

돼지들 틈에서 일을 하다고 온 그 악취 나는 아들을 끌어안는 것도 모자라 아버지는 이제 아들에게 입맞춤을 한다. 아무리 냄새가 나도 상관이 없다. 집을 나간 탕자일지라도, 재산을 몽땅 날린 아들일지라도, 여전히 나의 자식이기 때문이다. 당시의 유대 문화 속에서 입을 맞춘다는 것은 가장 강렬한 사랑의 표현이라고 한다. 그만큼 아버지는 집을 나간 아들의 과거보다는 집으로 다시 돌아온 아들의 현재, 그리고 앞날에 초점을 맞추고 있었던 것이다. 탕자는 자신의 지난 나날들의 잘못에 집착했기에 용서받을 자격조차 없다고 생각했지만 아버지는 새로운 시작에 대한 생각으로만 가득했다.

마지막 장면

이야기의 내용을 따라가면 아버지는 집에 돌아온 아들을 위해 지금까지 벌인 잔치 중에서도 가장 큰 잔치를 벌인다. 너무나 기뻐서다. 그 잔치에 대해서 누가 뭐라고 해도 아버지는 상관하지 않는다. 그곳은 아버지의 집이기 때문이다. 아버지가 주인인데 누가 뭐라고 하랴? 잔치를 벌이든 말든, 그것은 아버지 마음이다. 결국 큰 아들의 반대에도 불구하고, 곁에 있는 가족들의 침묵에도 불구하고 아버지는 닭을 잡고 소를 잡는다. 그리고 가장 좋은 술을 꺼낸다. 아들이 집으로 돌아왔기 때문이다.

꿈을 갖게 하는 응원

몇 해 전에 가족과 함께 여행길에 올라 자동차를 렌트해서 캘리포니아의 샌프란시스코에서부터 워싱턴 주의 시애틀까지 운전을 한 적이 있다. 가는 길이 멀어 중간에 오리건 주에서 우리는 하루 저녁 쉬어 가기로 했다. 마침 숙소 가까이에 있는 야외극장에서 연주회가 열리고 있어 아이들과 함께 관람을 한 뒤에 무대 건너편에 있는 책방에 들어가게 되었다. 책방에서 나오는 길에 여러 가지 모양의 예쁜 달력과 수첩, 그리고 일기장이 눈에 띄었다. 그중에서도 작은 일기장의 앞부분에 다음과 같은 짧은 문구가 나의 시선을 끌었다. "If you want to become a writer, write!" 만일에 작가가 되고 싶다면 글을 쓰는 연습을 하라는 말이다.

그렇다. 아무런 준비 과정 없이 하루아침에 작가가 되는 경우는 없다. 하지만 나에게 열정을 주는 것이 글쓰기라면, 그 일을 위해 한 문장씩, 한 단어씩 써 내려가는 준비 과정과 연습이 중요하다. 그렇게 할 때 비로소 빈 공책이 조금씩 채워지게 되고, 한 장이 두 장이 되고, 열 장이 스무 장이 되고, 궁극적으로 한 편의 완성된 책이 출간될 수 있는 것 아니겠는가?

우리가 갖고 있는 꿈은 가지각색이겠지만 그 꿈을 이루기 위해서는 어디서부터인가 반드시 시작을 해야만 한다. 그 당시에 그 문구가 특별히 내 눈에 띈 이유는 어쩌면 그 즈음에 나에게도 글쓰기에 관심이 생겼기 때문인 것 같다.

하지만 그것이 글쓰기이든, 미술이든, 사진이든 우리가 관심을 갖고 있고 열정을 갖고 있는 것을 이루기 위해서는 어떤 형태로든 시작이 중요한 것이고 지속적인 연습과 훈련이 반드시 병행되어야 하는 것이다. "꿈은 반드시 이루어진다"는 표현도 있지만, 그 꿈이 저절로 이루어지는 경우는 거의 없을 것이다. 꿈을 이루기 위해서는 내가 그 꿈을 위해 시간과 정성과 노력을 얼마나 투자하느냐에 달려 있다고 본다.

브레넌 매닝^{Brennan Manning}의 책 『The furious longing of God^{하나님의 간절한 기다림}』에 소개 되는 이야기 중에 '래리^{Larry}'에 대한 내용이 있다. 래리는 입이 심하게 일그러진 탓에 발음이 정확하지 않아서 어릴 때부터 따돌림의 대상이 된 청년이다. 그런 래리는 언제나 열등감에 시달릴 수밖에 없는 처지였고, 늘 예민한 편이었다. 방학이 되어도 집안에만 틀어박혀 있던 '동굴형' 래리에게 작은 사건이 발생한다. 래리가 겨울방학 후 기숙학교로 돌아가기 위해 버스를 타려고 하는데 뒤에서 출근하기 위해 서두른 아버지가 함께 가자며 버스에 올라탔다. 가는 길 내내 거의 아무 말 없이 그렇게 나란히 앉아서 갔다. 목적지에 도착한 두 사람은 버스에서 내렸고 아들 래리는 공항버스로 다시 갈아타야만 했다. 바로 그 때 길 건너편에서 래리의 아버지와 같은 직장에서 일하는 여섯 명의 남자들이 하나 같이 래리를 향해 형편없이 저질적인 말을 큰 소리로 외쳤다.

"꿀꿀꿀. 저 돼지 같은 놈 좀 봐라. 저 돼지새끼가 내 아들 이라면 나는 너무 창피해서 그 놈을 차라리 지하실에 가두어 두겠다."

옆에서 듣고 있던 다른 남자는 맞장구를 치며 다음과 같이 말했다.

"나는 아니야. 저놈의 돼지새끼가 내 아들이라면 하도 빨리 도망가느라 제 발로 달려서 가는지 말을 타고 달리는지 조차 분간을 못 할 게 뻔해. 야, 돼지야! 우리한테 한 번 '꿀꿀' 좀 해봐라!"

그들의 잔인한 언어와 행위는 그치지 않았다. 하지만 바로 그때 래리의 아버지는 처음으로 아들을 끌어안고 그의 일그러진 입술에 입을 맞춘 뒤에 다음과 같이 말했다.

"래리야, 만일에 엄마나 아빠가 200년을 산다 해도 너를 우리에게 선물로 주신 하나님께 감사드리기엔 모자랄 게 틀림없어. 네가 내 아들인 게 아빠는 얼마나 자랑스러운지 몰라!"

그날부터 래리의 삶에는 적지 않은 변화가 생겼다. 래리의 아버지가 상처 입은 그의 마음을 치유해주었기 때문이다. 그의 아버지는 그 어떤 비난에도 전혀 아랑곳하지 않고 아들을 응원해준 것이다. 남들이 욕하고 저주하는 앞에서 아빠는 용기를 내어 아들을 축복해주고 몸과 마음으로 안아준 것이다. 아빠는 래리의 눈동자를 깊이 들여다보면서 래리 자신조차 볼 수 없었던 잠재력과 가능성을 보았던 것이다. 래리를 향한 아버지의 사랑은 래리의 삶의 방향을 완전히 바꿔준 계기가 된 것이다.

　넓리 알려진 미국의 작가 중에는 맥스 루케이도^{Max Lucado,} ^{1955~}라고 하는 작가가 있다. 나는 그가 언제나 유명한 작가인 줄만 알았는데 그에게도 무명의 시절이 있었다는 것을 어느 기사를 통해 알게 되었다. 그 기사의 내용은 루케이도가 자신 의 첫 원고를 출판사에 보냈을 때 자그마치 16번이나 거절을 당했다는 이야기였다. 결국 17번째 출판사에 채택이 되어 간 신히 출간을 할 수 있었다는 것이다. 출판 경력도 없고 널리 알려진 유명 인사가 아니고서는 좋은 출판사가 쉽게 원고를 받아줄 리 없다. 루케이도의 꿈은 여러 번 좌절되었지만, 그 는 그때마다 포기하지 않고 글쓰기에 도전을 한 것이다.

　내가 평소에 존경하는 작가에게도 그렇게 어려운 순간들 이 있었다는 것은 나에게 적지 않은 위로가 되었다. 그만큼 성공도 중요하지만, 우리의 성공담보다는 실패담을 나눌 때 그것이 많은 사람들에게 희망이 되고 꿈이 되는 것을 체험할 수 있는 것이다. 결국 남에게 꿈을 심어주는 응원의 통로가 되는 것도 크고 대단한 사실을 알려주는 데서 시작되는 것이 아니라 어쩌면 내 꿈이 좌절된 경험을 나누는 데서부터 시작된다는 생각도 해보게 된다.

심지어는 내 가까이에 있는 사람들은 어떤 것에 관심이 있으며 어떤 꿈이 있는지 물어보는, 작지만 섬세한 질문 하나하나가 결국 저들의 마음속에 작은 꿈을 심어주는 계기가 될 수도 있지 않을까 싶다. 질문 하나가 좌절된 꿈을 다시 일으켜주기도 하고 잃어버린 희망을 되찾게 할 수도 있기 때문이다.

기대를 거는 응원

행동사회학자들은 흔히 '피그말리온 효과'라는 개념에 대해서 말을 한다. 우리말로 '자기 충족적 예언'이라고 하는데, 누군가 한 사람에 대해서 예견했을 경우, 그 기대감이 결국 그 사람의 행동에 영향을 미친다는 이론이다. 그만큼 우리는 타인의 기대에 영향을 받는 것은 물론이거니와 타인의 기대에 따라 살아가는 경향이 있다고 사회학자들은 설명해주고 있다.

어느 한 조각가가 하루는 화방 앞을 지나다가 버려져 있는 대리석 하나를 발견했다. 그는 즉시 화방 안으로 들어가 돌을 깎고 있는 화방의 주인에게 물었다.

"저 밖에 있는 대리석 혹시 버리신 물건입니까?"

그러자 그 주인은 그 돌은 더 이상 쓸모가 없어서 버렸다고 대답했다. 그러자 조각가는 웃으면서 "왜 저 돌이 쓸모없다고 하십니까? 저는 그 버린 돌 속에서 자기를 꺼내주기를 갈망하고 있는 한 천사의 모습을 볼 수 있습니다"라고 말을 했다. 화방 주인은 귀찮아하는 표정을 지으며 그 물건을 가지고 가도록 허락했다. 조각가는 고맙다는 인사말과 함께 "제가 그 돌 속에 있는 천사를 꺼내주겠습니다" 하면서 가게를 나왔다. 그 가게 밖에 버려진 돌의 새 주인은 바로 미켈란젤로Michelangelo, 1475~1564였고 머지않아 미켈란젤로는 그 돌 속에서 해방되기를 기다리는 천사를 살려냈다고 한다.

기대한다는 것은 어쩌면 남들이 보지 못하는 것을 보는 힘이라고 할 수 있다. 결국 남들이 놓치는 것을 발견하고, 그것을 통해서 때로는 하나의 작품이 만들어지도록 수고하고 손질하고 조각하는 능력이랄까? 똑같은 돌이라도 화방의 주인에겐 더 이상 쓸모없는 물건에 불과했지만 미켈란젤로에겐 꺼내주길 기다리는 천사였다.

날마다 기대하는 눈과 마음으로 사물과 사람을 본다면 어떨까?

유명한 공산주의 철학자 로제 가로디^{Roger Garaudy, 1913~}는 성경의 예수에 대해서 다음과 같이 말했다고 한다.

"나는 이 사람에 대해 아는 것이 많지 않다. 그러나 분명히 아는 것은 그의 전 생애가 '인간이란 언제든 새로운 미래를 시작할 수 있다'는 이 한 가지 메시지를 전한다는 것이다."

누구나 새로운 미래를 시작할 수 있다는 믿음이야말로 서로에게 기대를 거는 삶의 모습이 아닐까. 어떤 사람이든 그 사람에게 새로운 미래가 시작될 수 있다는 믿음, 소망, 그리고 기대야말로 이 시대에 필요한 응원의 힘임에도 불구하고 우리는 너무나 쉽게 기대를 저버리는 실수를 범하며 사는 것 같다.

경북 안동 지방에 안동교회가 있는데, 100년의 역사를 자랑하는 교회라고 한다. 그 교회에 아흔이 넘으신 최의숙 할머니가 출석하신다. 과연 아흔이 넘으신 분이 할 수 있는 일이 있을까? 생각해보면 마땅히 할 일이 없을 것 같다. 그러나 최할머니는 성경을 옮겨 적는 일을 하시는데, 지금까지 한글로 세 번, 일어로 세 번, 그리고 영어로 세 번을 기록하신 분으로 유명하다. 어느 땐 하루에 10시간씩 옮겨 적으셨다고 한다.

너무 힘들어서 포기하고 싶을 때도 많았지만 가족들 사진을 보면서 힘을 얻으셨다고 한다. 그렇게 정성껏 기록한 성경은 자식들에게 나누어주고 교회에도 기증을 하신다. 할머니의 나머지 소원은 성경을 두 번 더 쓰는 일이라고 한다.

이렇게 힘든 일을 하시는 이유는 단순히 자녀들이 하나님의 말씀인 성경을 가까이 했으면 하는 마음 때문이라고 하신다. 물론 돈 주고 성경을 사서 읽으라고 할 수도 있겠지만 그 성경은 자칫 잘못하면 먼지만 쌓일 수 있다고 할머니는 말씀하신다. 어쩌면 자녀들은 휘청거리다가도 어머님의 손때 묻은 성경 때문에 정신을 차릴지도 모르는 일. 할머니는 자녀들의 삶이 아름다운 삶이 되길 기대하는 마음으로 오늘도 한 자씩 쓰신다고 한다. 기대를 거는 응원은 기적을 낳는 힘이 있기 때문이다.

웃음을 주는 응원

　웃음 전문가들에 의하면 여섯 살 난 아이는 평균적으로 하루에 300번을 웃는데 비해, 성인은 겨우 열일곱 번을 웃는다고 한다. 사람에 따라 웃음의 많고 적음은 그 사람의 환경이나 기질에 영향을 받는 것이 사실이겠지만, 대부분의 경우 웃음은 관심과 훈련을 통해서도 다듬어질 수 있다고 한다.

　평소에 상대방을 편하게 해주거나 잘 웃게 해주는 사람들이 있는데, 웃음은 마음의 문을 열게 하고 긴장을 풀게 해주는 효과도 있다. 마음이 우울하거나 억압된 사람에게 웃음은 치유의 힘까지 있다. '웃음 치료'라는 학문까지 생긴 것만 보더라도 웃음은 우리의 건강과도 직결되는 것을 확인할 수 있다.

요사이 미국의 일부 백화점은 직원을 채용할 때 그 사람의 학력이나 조건보다 밝게 웃는 사람을 택한다고 할 정도로 웃음은 우리에게 적지 않은 영향을 주는 것을 알 수 있다. 일터나 가정에서도 웃음이 있고 없음의 차이는 하늘과 땅만큼 크다고 할 수 있다.

미국 뉴저지 주의 한 작은 마을에서 일하는 경찰관 18명이 어느 날 갑자기 모두 머리를 박박 밀어버렸다고 한다. 이유는 그 지역에 사는 네 살배기 어린아이 존 헤이시에 대한 사랑 때문이었다는 것이다. 존은 태어난 지 6개월 때부터 머리뼈가 녹아내리는 희귀한 병에 걸려 머리 속에 철심을 박는 수술을 하면서부터 온 동네에 알려지기 시작했다. 어린 존은 경찰 아저씨들을 만날 때마다 금속 탐지봉을 머리에 대어달라고 졸랐다고 한다. 그러면 자기 머리에서 삐삐 소리가 난다고 깔깔대며 재롱을 부리는 여유까지 보여준 것이다. 그런데 어느 날부터 꼬마의 얼굴에 그림자가 생기기 시작했는데 백혈병으로 인한 치료를 받게 되면서부터 머리카락이 완전히 빠져버렸기 때문이었다.

결국 고민에 빠진 경찰관 아저씨들은 어린 존에게 웃음을 되찾아줄 수 있는 방법을 고민하던 중 한 사람이 존처럼 머리를 아예 밀어보자는 의견을 냈고 논의 끝에 18명 모두 삭발을 하기로 결심한 것이다. 저들의 마음을 전달하기 위해 존을 초청한 경찰관들은 일렬로 서서 존을 보고 거수경례를 했다. 그 모습을 본 어린 존은 오랜만에 까르르 웃었다고 한다.

그날의 선물은 존에게 적지 않은 힘이 되었을 것이 분명하다. 우리도 웃음을 선물하는 '웃음 치료사'에 도전해보면 어떨까? 물론 우리들 모두 뉴저지 주의 경찰관들처럼 머리를 삭발할 필요는 없다. 그저 누군가에게 웃음을 선물하기 위해 우리가 가진 사소한 것을 나누는 정도면 충분하다. 웃음을 주는 응원은 그 가치를 말로 표현할 수 없다.

내가 보낸 응원은
내게 다시 돌아옵니다

『진호야 사랑해』라는 책은 장애를 딛고 일어서서 국가대표 수영 선수가 되기까지 눈물로 훈련하는 진호의 삶을 담아낸 책이다. 하지만 진호가 유능한 수영 선수가 될 수 있었던 것은 진호 가까이에 든든한 응원자가 있었고, 그중에서도 언제나 진호에게 용기를 심어준 엄마가 있었기 때문이다. 진호가 중학교를 마치고 고등학교를 갈 무렵 체고에 진학하려 했지만 진호에게 장애가 있다는 이유로 대부분 학교들이 입학을 거부했다. 진호의 상태를 봐서는 가능성이 없다는 것이다. 하지만 응원해주는 것은 상대방의 미래를 보는 것이다. 응원은 현재 상태만 보는 것에 멈추지 않고 미래와 가능성을 보는 것이다. 진호가 성공할 수 있었던 이유는 진호 스스로의 피땀 어린 노력도 있지만, 그와 동시에 진호 옆에서 진호를 언제나 끝까지 믿어주고 응원해준 가족들과 코치들이 있었기 때문이다.

초등학교 시절 육상부에서 100미터 달리기를 하던 나는 늘 공부보다는 뜀박질에 더 관심이 많았던 것이 사실이다. 때론 훈련이 힘들고 귀찮기도 했지만 연습을 게을리 하는 우리가 기대에 못 미칠 경우 매를 드는 선생님이 무서워 육상을 포기하고 싶었던 것이 한두 번이 아니다. 하지만 고통스러운 훈련의 과정을 거친 뒤 시합의 결승점에서 테이프를 끊고 통과할 때의 그 통쾌함은 말로 표현하기조차 어려울 정도다. 더구나 중요한 시합에서 우승을 차지하게 되면 말이다.

그런데 가만히 기억을 더듬어보면 우승의 순간이 있기까지, 그것이 연습을 위해서든 중요한 시합을 위해서든 어김없이 우리를 응원해주신 코치와 육상부 선배들과 친구들, 그리고 부모님이 계셨다는 사실을 부인할 여지가 없다. 아니, 어떤 의미에서는 달리기를 할 때마다 혼자서 열심히 뛰었다기보다는 처음부터 그 응원자들과 함께 뛰고 있었다.

하루는 중요한 시합에서 좋은 성적을 거둬 커다란(가치적 의미가 아니라 단순한 크기의 의미에서) 상장을 집에 들고 온 적이 있었다. 내가 받아본 그 어느 상장보다, 아니 형이나 누나가 학교에서 받아온 상장들보다 훨씬 더 큰 상장이었다. 자주상을 받는 형이나 누나에 비해 항상 초라하고 볼품없게 느껴졌었는데 이제는 상황이 뒤집어진 것이다. 그 순간부터 우리가문의 역사가 바뀌었다고 할까? 물론 100미터 달리기에서의 1등은 형이나 누나가 받아온 우등상과는 비교를 할 수 없다는 것을 나도 속으론 인정하고 있었지만, 그래도 내가 받은상장의 크기가 더 크다는 것이 어렸던 내겐 적지 않은 기쁨이자 달콤한 자랑거리였다.

형이나 누나의 성적과 늘 비교가 되면서 자격지심에 빠지거나 비교의식으로 힘들어할까 봐 염려가 되셨는지 어느 날학교에서 돌아와 보니 엄마는 내가 받아 온 슈퍼사이즈 상장을 큰 액자에 담아 내 침대 바로 위에 걸어놓으셨다. 모든 엄마들이 그렇겠지만 결국 형이나 누나보다 여러 걸음 뒤떨어져 있는 나에게 희망과 응원의 통로가 되시기 위한 모정의 표현이 아니었나 싶다. 어쨌든, 아침에 일어날 때나 잠자리에들 때마다 커다랗게 새겨진 나의 이름과 슈퍼사이즈 액자 안에 담겨진 상장을 보는 것은 그리 기분 나쁜 일이 아니었다.

그때의 그 응원은 무언의 응원이라고 할 수 있겠지만 운동장에서 큰 소리로 나를 응원해주는 우렁찬 목소리보다 더 크게, 그리고 더 먼 거리에서도 들려온 응원이 아니었나 싶다.

"요한아, 괜찮아. 네가 형이나 누나보다 상장을 덜 받아와도, 형이나 누나만큼 공부를 잘하지 못해도, 엄마는 항상 네 옆에 있다는 거 알지? 그리고 항상 네 옆에서 마음으로 그리고 기도로 너를 응원해주고 있다는 사실을 잊지 말고 기억해주었으면 좋겠다. 공부가 어려우면, 달리기 하나만이라도 잘하는 것도 괜찮으니까 맘 놓고 힘차게 달려라."

결국 그 응원의 힘은 여전히 삶에서 크고 작은 고비나 위기를 만날 때마다 마치 어머니의 작지만 또렷한 격려의 음성을 들려주는 것만 같았다.

그것은 어쩌면 쓸데없는 피해의식이나 열등감으로 힘들어하고 있을 법한 자식을 보듬어주기 위한 따스한 사랑의 표현이라고 할 수 있다. 어쩌면 엄마는 낯선 땅에서 사는 외국인으로서 한국 생활의 외로움을 끔찍하게 경험했기 때문에 남들이 겪는 외로움이나 갈등을 누구보다도 쉽게 이해하실 수 있지 않았나 싶다. 그만큼 약자의 편이었다고 할까? 그런 의미에서 자식에게 응원이 가장 필요한 순간이 언제인지를 이 땅의 모든 엄마들은 직감적으로 알고 있다고 할 수 있다.

그러나 오늘날 우리는 응원이 절대로 궁핍한 시대를 살아가고 있다. 크고 작은 응원 속엔 분명히 신비스러운 힘과 잠재력이 있음에도 불구하고 대부분의 경우 우리는 누군가를 위한 응원의 통로가 되는 기회를 놓치며 산다. 결국 우리들 대다수는 응원의 부재 속에 살아가고 있으며, 끊임없는 비교와 경쟁 속에서 남을 응원해줄 마음의 여유나 기술을 잃어버린 채 살아가고 있다. 우리 시대의 치솟는 자살률과 중독률, 또는 우울증과 같은 사회적인 현상들을 조금만 주의 깊게 살펴본다면 우리들 모두 서로의 적극적인 관심과 정겨운 응원에 얼마나 굶주려 있는지 짐작할 수 있다.

나밖에 모르는 자기중심적 습관이나 인생관은 남을 응원해주는 것을 쉽게 용납하지 않는다. 오히려 인간의 욕구는 어린아이 때부터 자연적으로 모든 관심이 '나'에게 모이고 '나'에게 집중되는 것이 아닐까 싶다. 남을 응원해주기보다는 오히려 일방적으로 응원받길 바라는 우리의 끊임없는 욕망은 자신의 왕국을 건설하고 확장하는 일에 바빠 쉽사리 남을 위한 응원을 허락하지 않는다.

그렇기 때문에 응원의 원리는 무엇보다 '나'를 뒤로하고, 상대방의 필요를 먼저 생각하는 마음의 배려에서 시작된다고 할 수 있다. 남들의 박수갈채에만 익숙해져 있다면 남을 응원하는 일은 어려울 수밖에 없는 법. 그만큼 남을 위한 응원은 적잖은 용기와 도전 정신을 우리에게 요구한다.

우리의 무관심과 분주함은 상대방을 응원해줄 수 있는 수많은 기회들을 놓치게 한다. 부모는 자녀들을 응원해줄 수 있는 기회를 놓치고, 부부가 서로의 배우자를 격려해주고 응원해주는 기회를 놓치고, 직장의 동료나 부하 직원을 밀어주고 응원해주는 것 역시 우선순위에서 밀리기 때문이다.

앞에서도 이야기했지만 누군가를 응원하는 것은 꼭 큰돈이 들어간다거나, 많은 시간과 정성이 들어간다거나, 특별한 기술이 필요한 것은 아니다. 내 자리에서 내가 사랑하는 사람들에게 조금만 더 관심을 가지고 그들의 필요와 감정을 나눌 때 그것이 그들에게 응원이 될 수 있다는 사실을 기억하자. 내가 보낸 응원은 돌고 돌아 반드시 내게 다시 돌아온다는 사실을 기억한다면 그것을 상상하는 것만으로도 행복하기 그지없을 것이다.